手作り感覚おもちゃ

はじめに

子どもの好ましくない行動は、あそんでいないときに起こる。これは、まぎれもない事実です。

私は、子どもの好ましくない行動がどうして起こるのか、その行動にどう対処すればよいのかを解説する仕事をしていますが、好ましくない行動は、夢中になってあそんでいる場面では起きません。ですから支援者の方には、その行動自体にフォーカスするより、「楽しくあそぶ子ども」を想像してもらいます。好ましくない行動をとる"困った子"という否定的な視点から、"夢中になってあそぶ子"という肯定的なイメージに切り替わると、見方が変わり、子どもの味方になれるでしょう。そのためには、子どもが直感的に「心地よい」「おもしろそう」と感じ、夢中になれるおもちゃが必要です。

本書では、現場の保育者が実際に作り、子どもたちに提供し、子どもたちが楽しくあそんだおもちゃを紹介しています。それであそんだ子どもたちは、好ましくない行動が減っただけでなく、機嫌がよくなり、情動が安定しました。現場にあふれた子どもたちの笑顔が、何よりの証拠です。

子どもの喜ぶ顔を思い浮かべながらおもちゃを作る作業は、ことのほか楽しいものです。実際に子どもたちが嬉々としてあそぶ姿を見ると、さらに気分が上がります。子どもも大人も幸せになれるおもちゃを、あなたも作ってみませんか？

チャイルドフッド・ラボ代表理事
藤原里美

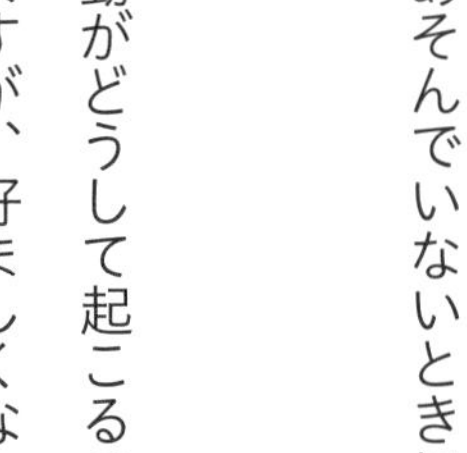

もくじ

［視覚］［聴覚］［触覚］［固有覚］［前庭覚］

「五感二覚」の中で特に働きかける感覚を、おもちゃごとにマークで示しました。

なぜ感覚おもちゃか？

発達に特性のある子どもにとって、感覚おもちゃはなぜ必要なのでしょう。

感覚欲求が満たされる

５ページで定義するようなおもちゃのリアクションで感覚に適切な刺激が入り、心地よさを感じる。感覚欲求が満たされると気持ちが穏やかになり、情動が安定する。

直感的にあそべる

見ただけで触りたくなり、すぐにあそびに入り込める。ひとりでゆっくりじっくり取り組めるので、友だちとのトラブルが起きにくい。

気持ちが安定する・ひとりあそびが充実する

↓

好ましくない行動が起こりにくい

あそび込めると好ましくない行動は起こりにくい

子どもの好ましくない行動が起こっているときは、その子があそべていないときです。つまり、楽しくあそべていると好ましくない行動を起こしにくくなります。発達に特性のある子どもは、感覚刺激を得続けたい欲求があり、刺激が不足すると情動が不安定になる傾向があります。そのため、感覚おもちゃが必要です。

　また、園生活において友だちとかかわることは大切ですが、それが苦手な子に無理強いすると、うまくあそべず不安定になります。ひとりあそびで情動が安定するのであれば、まずは、ひとりであそぶことを大切にしましょう。

　興奮しやすい子どもは、好きなものにひとりで取り組むと集中でき、安定します。走り出すなど行動が制御できないときは、感覚おもちゃが「心の安定剤」になるでしょう。

感覚おもちゃの定義は？

触れたり操作したりすると＊五感や二覚に心地よいリアクションがすぐに返ってくるものが感覚おもちゃです。

＊66ページ参照

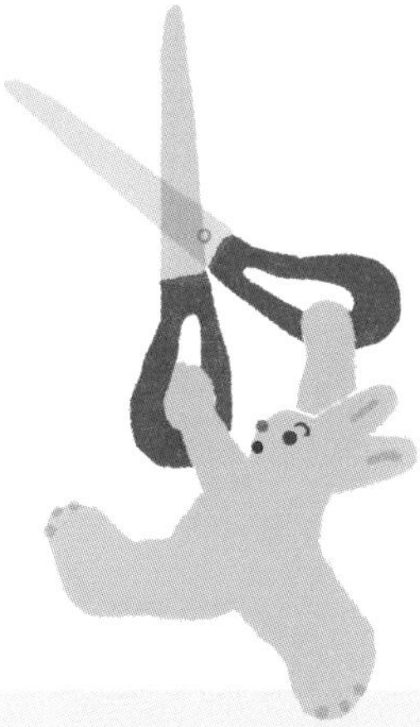

「あそんでいたらいつの間にか手指も発達していた」を目指して！

リアクションがすぐにある

キラキラ光る

振ったり揺らしたりするとキラキラ光って見える。

動く

動作や与えた刺激によって、ものが動いたり移動したり。

音が鳴る

流水音など自然の音や、リズムのある音などが出る。

心地よい感触が得られる

触るとフワフワ、プチプチ、ツルツルなどの感触が得られたり、力がぐっと入ったりする。

操作性がある

入れる・さす

容器や穴に物を入れたり、指先に軽く力を入れて押し込んだり。

引っぱる

ひもやスプリングをつまんで引っぱったり、左右を持って伸ばしたり。

探す・合わせる

同じ形、色、種類のものを探したり、分けたり、ペアにしたりする。

押す・たたく

力を入れてぎゅっと押したり、たたいたりする。

貼る・はがす

シールやテープなどを貼ったり、はがしたりする。

感覚おもちゃは世界を知るための入り口

周りの世界が認識できないとき、子どもは不安から好ましくない行動を起こしやすくなります。わからない世界はこわいので近づきたくなく、知っているものや同じものでしかあそびません。無理に引き込もうとすると、怯えてかんしゃくを起こす場合も。

初めての世界を理解するには、五感を使ってあそぶことが大切です。「これってなんだろう」と「思わず触る・見る」をくり返し、楽しく探索する中で、世界を広げていきます。

本書で提案する感覚おもちゃはシンプルで、子どもが直感的にあそべて、感覚的に安心できるおもちゃです。感覚おもちゃであそぶことを通して、周りの世界はこわくないから近づいても大丈夫だと気づき、世界を広げてほしいと思います。

IDEA 1

キラキラビーズボード

グリル網に大きめのビーズを通した、キラキラ光るおもちゃです。シャラシャラと揺れて音も心地よい。

［視覚］［聴覚］［触覚］［前庭覚］

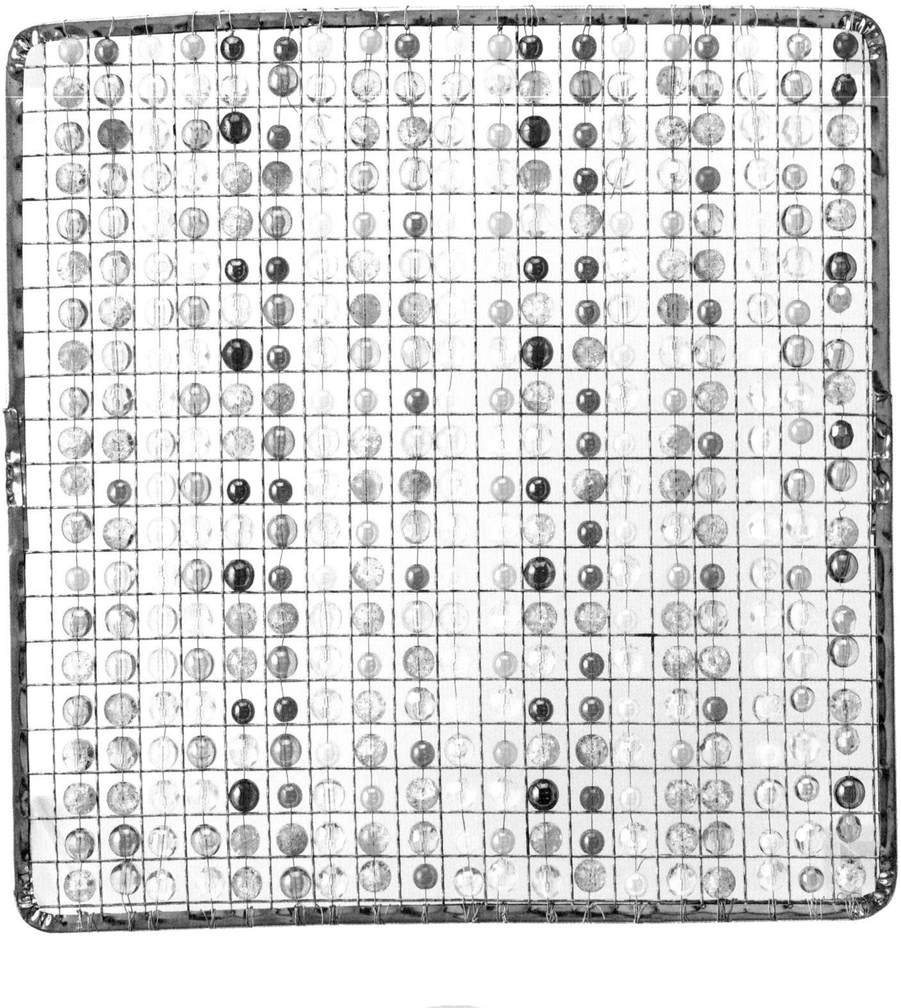

ワイヤーの端が飛び出さないよう、網のふちに巻きつけた後、ビーズの中に入れる。

子どもの姿

光に透かしたり揺らしたりするあそび方を予想していたら、子どもたちは机上を転がしたり、手のひらを滑らせたりもして、揺れや光、感触を楽しんでいました。

キラキラ
きれい！

材料

- グリル網
- ビーズ
- アルミワイヤー

作り方とポイント

- ワイヤーにビーズを通しながらグリル網に編み込んでいく。
- ビーズの配色は視覚的にチカチカしすぎないように、同系色で並べる。
- ビーズの大きさをランダムにすると、机上を転がしたり、手のひらを滑らせたりしたときに、回転がランダムになり、キラキラ感が増す。

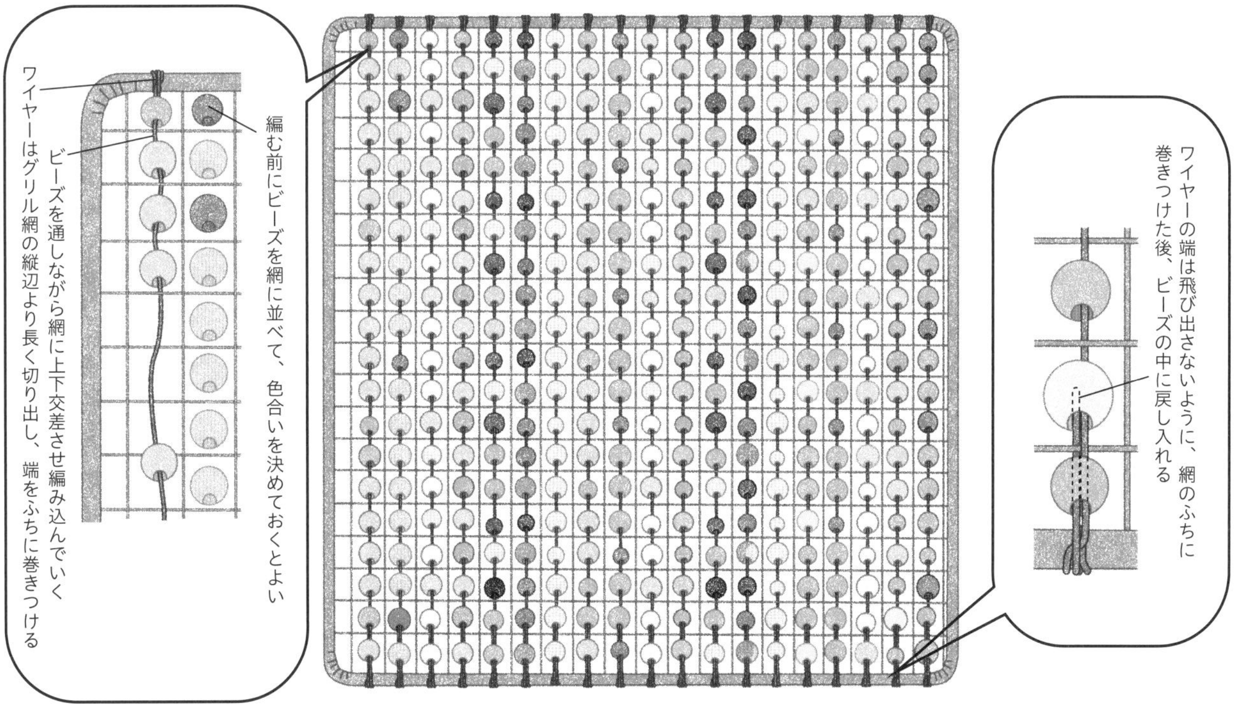

ワイヤーはグリル網の縦辺より長く切り出し、端をふちに巻きつける
ビーズを通しながら網に上下交差させ編み込んでいく
編む前にビーズを網に並べて、色合いを決めておくとよい
ワイヤーの端は飛び出さないように、網のふちに巻きつけた後、ビーズの中に戻し入れる

IDEA 2

ビーズモーション

透明感のあるカラフルな消臭ビーズが、ゆっくりと移動しながらキラキラ！見ているだけで落ち着きます。

［視覚］［固有覚］［前庭覚］

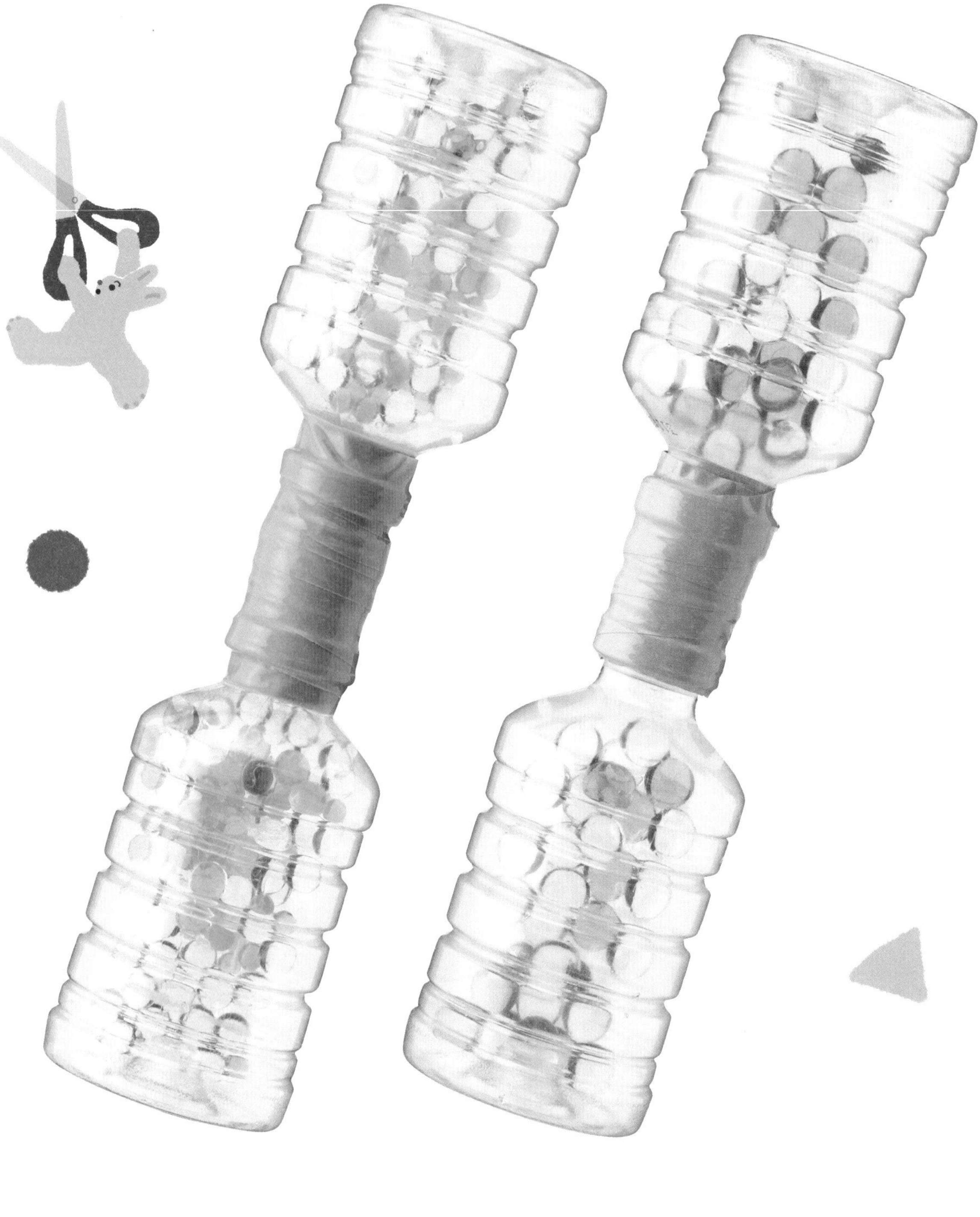

材料

- ペットボトル
- 消臭ビーズ
  (小豆や数珠玉などでも)
- ビニールテープ

作り方とポイント

- 消臭ビーズをペットボトルの半分くらいまで入れたものを2本作り、口と口を合わせてしっかりとビニールテープを巻く。
- 消臭ビーズを誤飲しないよう、ビニールテープをはがそうとする子どもがいる場合は、ボンドでつないでからビニールテープを巻くとよい。

CAUTION! 消臭ビーズなどの中身が出ないように注意!

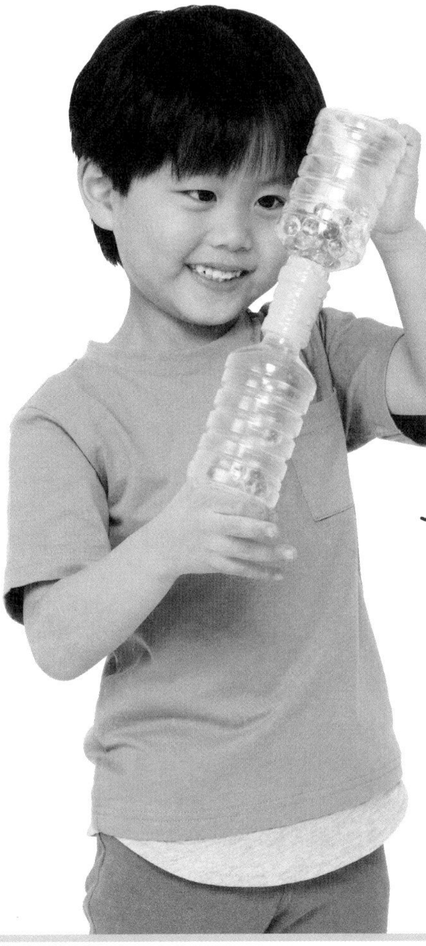

キラキラしてる

子どもの姿

感覚欲求を満たすものをと作りました。気持ちが切り替えられずに泣く子どもに見せると、それだけでも落ち着き、泣き止むことが多いです。

こんなアイデアも!

開閉できる透明な容器と、キラキラ光るビーズやスパンコール、カラフルなフェルトボールなどを組み合わせれば、色や動きが楽しめるおもちゃができあがります。子どもの反応次第で、中身や大きさをすぐにアレンジできるのもうれしい。

(左)“透明ファイルケース×粘着力があるゴム製おもちゃ”。傾けると中身がゆっくり落ちていく。(右)“透明パスタケース×星形のスパンコール”。ふたの上からビニールテープを巻く。

IDEA 3

くるくるおはじきフープ

針金に巻きつけたワイヤーに沿っておはじきがくるくる回ります。カタカタと揺れながら移動するのを目で追うのが楽しい。

［視覚］［前庭覚］［触覚］［固有覚］

子どもの姿

感覚的なあそびが好きな子どもが、ひとりで落ち着いてあそべるおもちゃをと考えました。動きを目で追うだけでなく、振動を楽しんでいる子どももいました。

継ぎ目がはずれたり、針金が飛び出したりしないよう樹脂粘土などでしっかり固める。

材料

- 園芸用の太めの針金
- アクセサリー用ワイヤー
- 花はじき
- ビニールテープ
- 樹脂粘土(自由樹脂でも)

作り方とポイント

- 太めの針金にワイヤーをずらしながら巻きつけて、花はじきを通したら輪にする。継ぎ目をビニールテープで固定してから、樹脂粘土などで覆い固める。

CAUTION! 子どもが首にかけないよう注意！ 輪は、頭が入らない、または、ゆとりのあるサイズに！

IDEA 4

くるくるブロックタワー

木製の棒にブロックを通すとくるくる回って下に。色を合わせたり、交互に色を変えたりと色あそびも楽しいです。

［前庭覚］［視覚］［聴覚］［触覚］

子どもの姿

ブロックを２つ同時に落としてスピードを比べたり、それぞれ色の組み合わせを変えたりと、子どもの発想であそびを広げていました。

木製の棒は、木工用ボンドでしっかり固定。

材料

- 木製の工作材料
- 木製の棒（丸い割りばしでも）
- カラーワイヤー
- 中央に穴の開いたブロック（スノーブロックや花はじきなど）

作り方とポイント

- 木製の棒にワイヤーをずらしながら巻き、木製の工作材料にキリなどで穴を開けて棒をさし込む。ワイヤーの先は、飛び出ないように巻き込む。
- 最初に１つブロックを入れておき、同じ色にそろえるよう伝えると、色のマッチングあそびが楽しめる。

IDEA 5

引っぱりキーチェーン

スプリングを引っぱると通したチェーンリングがクルンクルンと回転します。カラフルな残像に目が釘づけ！

［前庭覚］［視覚］［聴覚］［固有覚］

子どもの姿

チェーンリングが規則正しくも不思議な動きで落ちていく様子や、色の残像が重なり合う様子を、飽きることなくくり返し楽しんでいました。強く引っぱったり、そっと戻したり。楽しみながら、力加減を知るきっかけにもなっています。

材料

- 伸びる形状のキーチェーン
- チェーンリング（花はじきでも）

作り方とポイント

- キーチェーンについているカラビナを取り外し、チェーンリングを通す。通し終わったらカラビナを再び取りつける。
- 通すものや色の組み合わせを変えると、落ち方や色の変化の違いが楽しめる。

ビヨーン！
くるくる〜

IDEA 6

引っぱりボード

ボードの上部からリールを引っぱって、下段のフックにかけます。外すとシュルルと戻るのも楽しい。

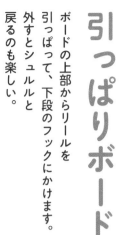

［前庭覚］［視覚］［聴覚］［固有覚］

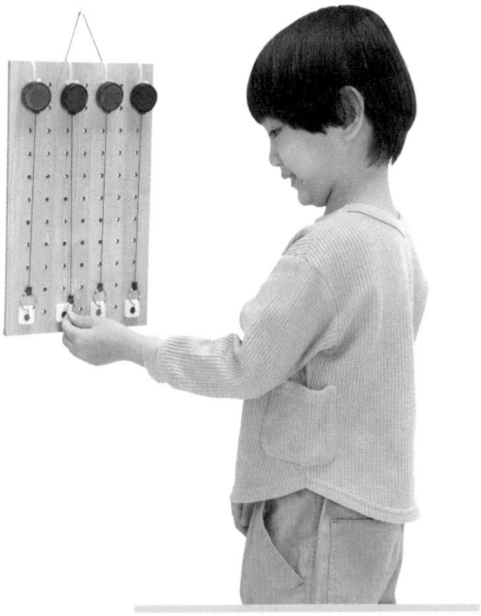

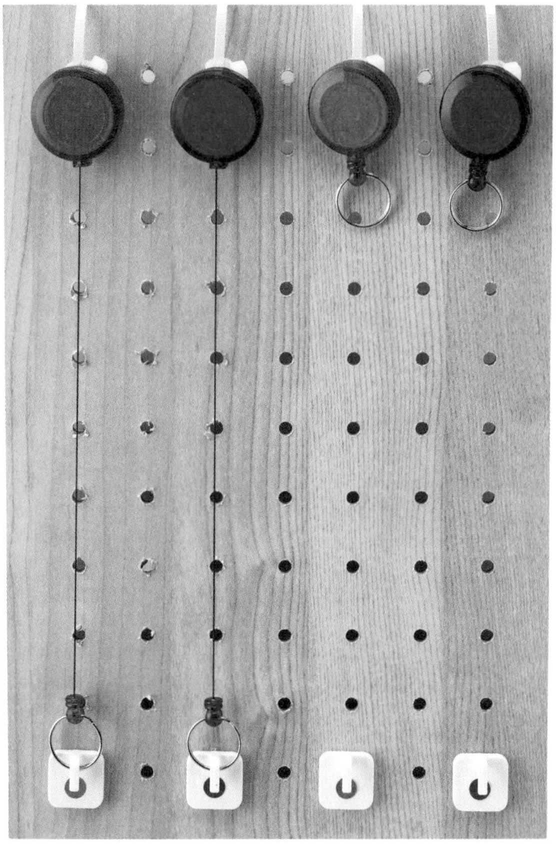

キーホルダー裏面のフックに結束バンドで輪を作り、その輪と有孔ボードをさらにつなぐ。

CAUTION! 結束バンドの切断部分に皮膚をひっかけないよう切って整える。

材料

- 有孔ボード
- リール式キーホルダー（スプリング式でも）
- 結束バンド
- フック（粘着タイプ）
- 丸シール

作り方とポイント

- ボードを縦に置き、上辺にキーホルダーを結束バンドでとめる。下辺にフックをさかさまにして貼り、キーホルダーに対応した色の丸シールをそれぞれ貼る。
- キーホルダーとフックの色でマッチングも楽しめる。

子どもの姿

ボードを子どもの背丈に合わせて壁にかけると、安定してあそべます。リールを斜めに伸ばしたり、クロスさせたりもできます。リールが戻るときの音が気に入ってくり返しあそぶ子もいました。

IDEA 7

新幹線のプルトイ

手芸用メジャーを活用したおもちゃ。
新幹線を引っぱってから
メジャーのボタンを押すと
新幹線がシュルシュルッと戻ります。
メジャーを伸ばすときのカチカチする音や、
新幹線が戻る振動も楽しい。

［視覚］
［聴覚］
［固有覚］
［前庭覚］

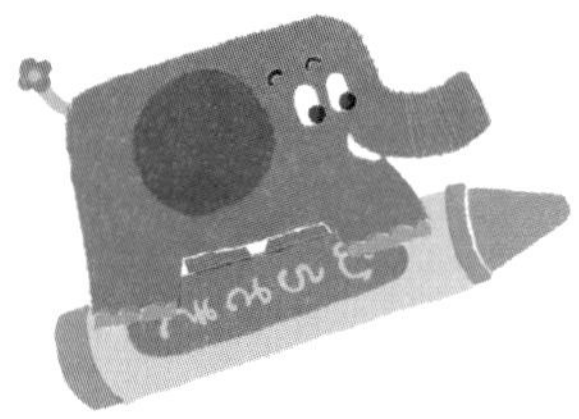

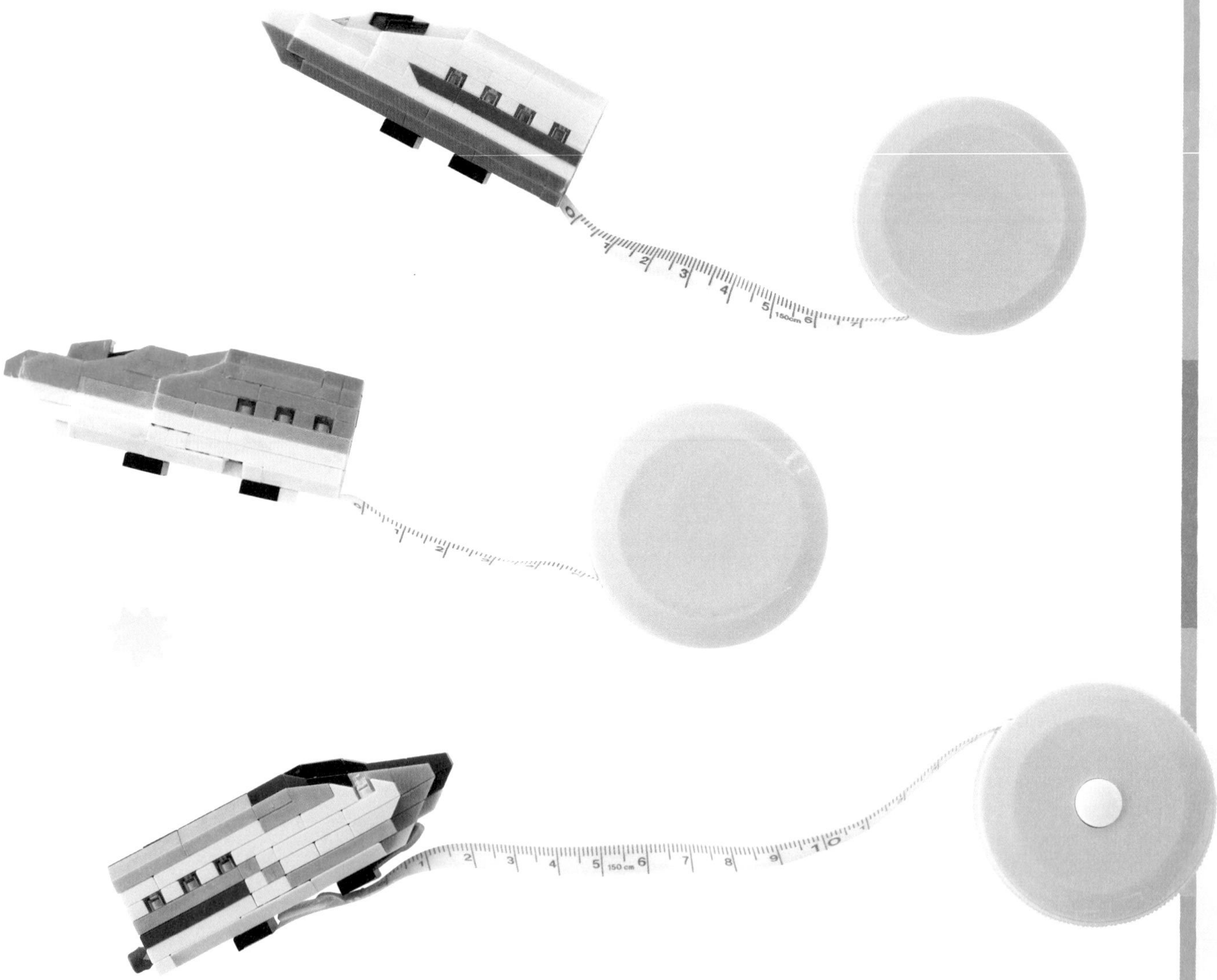

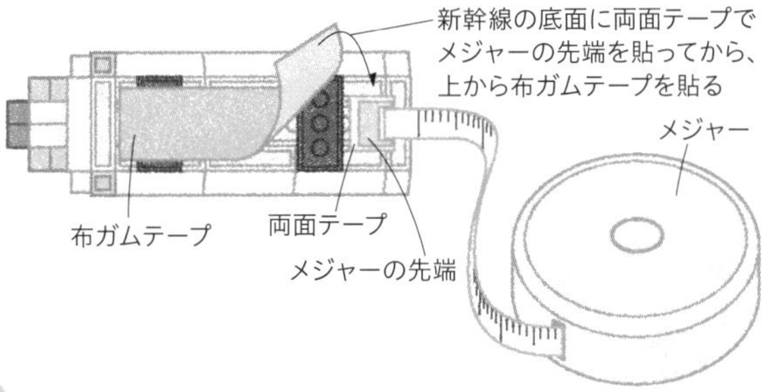
新幹線の底面に両面テープで
メジャーの先端を貼ってから、
上から布ガムテープを貼る
メジャー
布ガムテープ
両面テープ
メジャーの先端

材料

- 手芸用メジャー
- 新幹線のおもちゃ
- 布ガムテープ
- 両面テープ

作り方とポイント

- メジャーの先端を新幹線の底面に貼る。
- 新幹線の前後の向きを変えて貼ると、戻るときの向きが変わる。

子どもの姿

新幹線であそぶうちに、「線路を走らせよう！」と子どもが思いつき、机にマスキングテープを貼って線路に見たてました。友だちと交代しながら何度も線路を走らせていました。

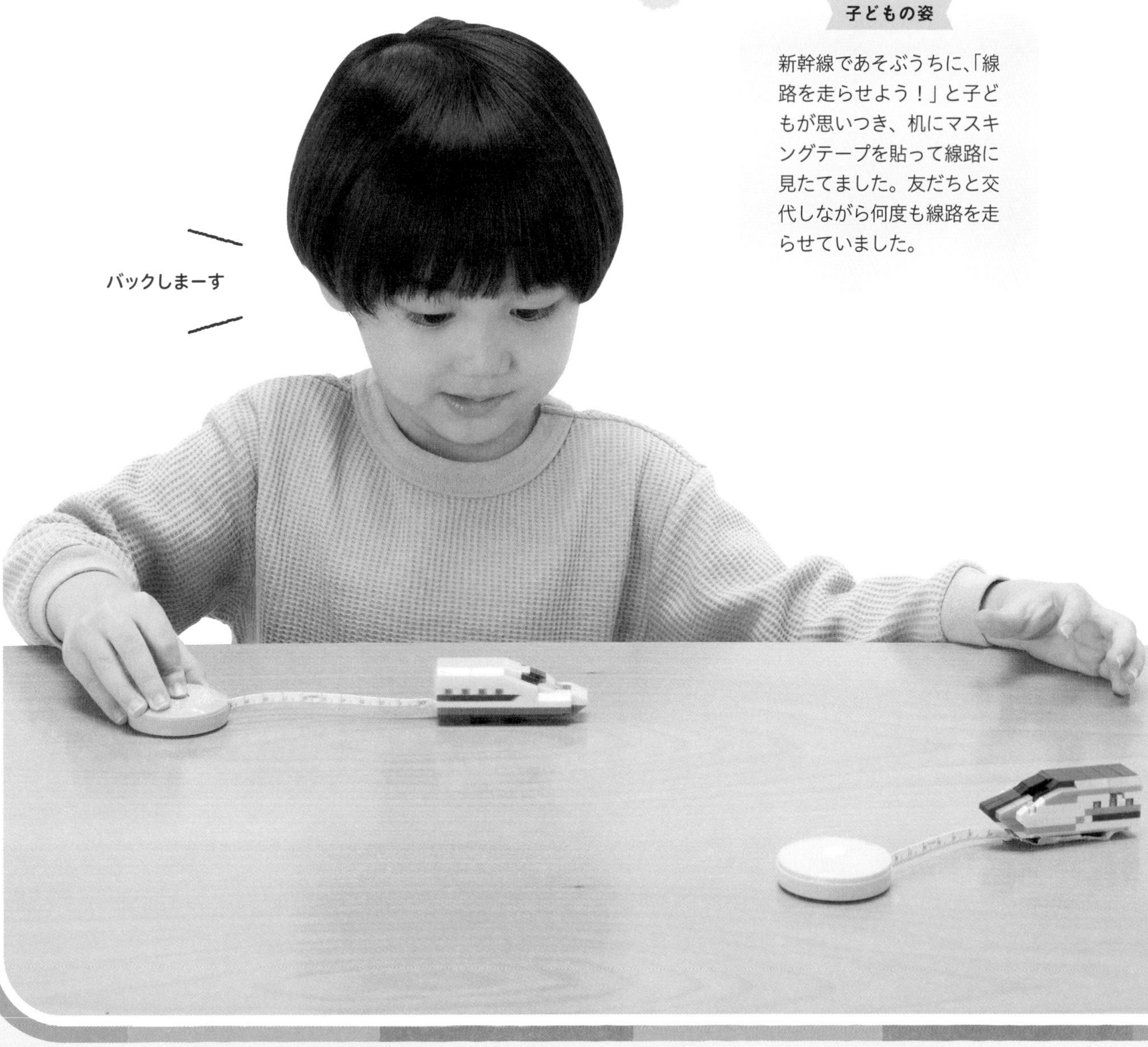
バックしまーす

IDEA 8

マスコットのプルトイ

「新幹線のプルトイ」(14ページ)で、"ボタンを押すとメジャーが戻る"と理解してからがおすすめ。フェルトの中に隠れているメジャーのボタンを「ここかな?」と探してあそべます。

[視覚] [聴覚] [触覚] [前庭覚]

子どもの姿

引っぱるときのカタカタという音が気に入った子、フェルトで隠れて見えないメジャーのボタンを押すと戻ってくるのをおもしろがる子がいました。

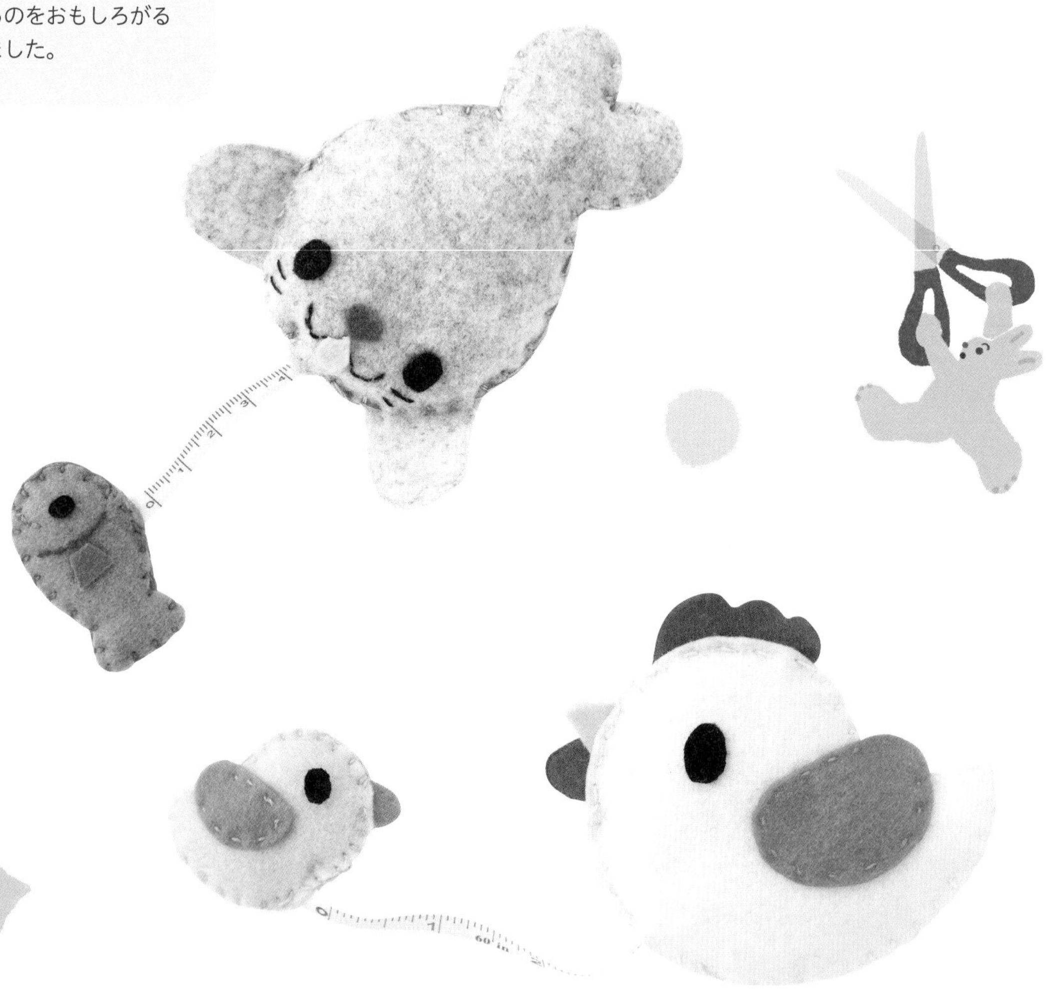

材料

- 手芸用メジャー
- フェルト
- 両面テープ
- 綿

作り方とポイント

- メジャーの先端とケースをそれぞれフェルトのマスコットでくるむ。
- あそぶ前に、マスコットのどの位置にメジャーのボタンがあるかを、感触を確かめながら伝える。

型紙 P.70

お魚さん
こんにちは

※指定外全てフェルト

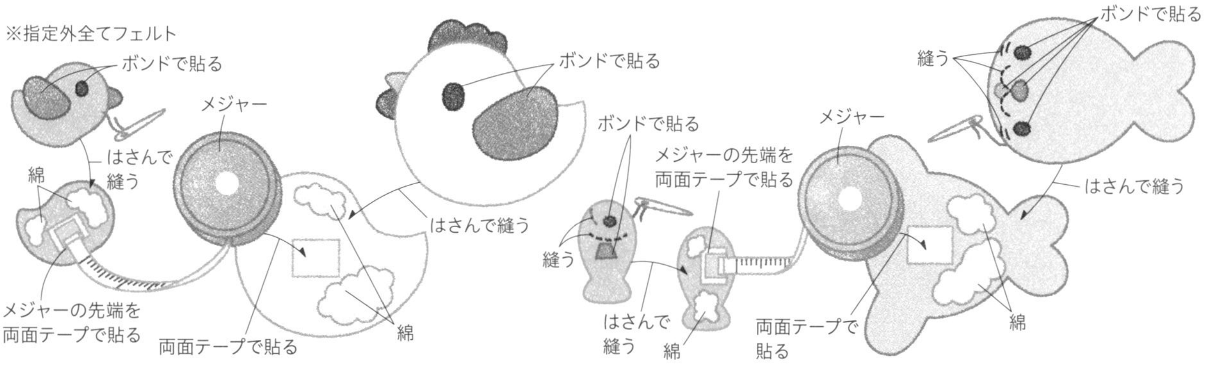
ボンドで貼る
メジャー
はさんで
縫う
綿
メジャーの先端を
両面テープで貼る
両面テープで貼る
綿
ボンドで貼る
はさんで縫う
ボンドで貼る
縫う
はさんで
縫う
綿
メジャーの先端を
両面テープで貼る
メジャー
両面テープで
貼る
ボンドで貼る
縫う
はさんで縫う
綿

IDEA 9

ライオンのパックン

大きく口を開けたライオンが、食べ物のピースを「パックン」。ストーリー仕立てで、プットインを楽しめます。

［視覚］

［触覚］

材料

- タッパー（円柱形）
- フェルト
- 厚紙

作り方とポイント

- タッパーのふたに長方形の穴を開け、フェルトで作ったライオンを、口の位置を合わせて貼る。
- 食べ物のピースは、厚紙をはさむと厚みが出て、触感が得られやすい。

型紙 P.71

子どもの姿

「ライオンさんにおにぎりをあげに行こう」と言うと、切り替えが苦手な子でも、うれしそうに部屋に入ります。全てのピースを入れると「ごちそうさま」であそびの終わりがわかりやすく、満足感が得られるようです。

お魚をパックン

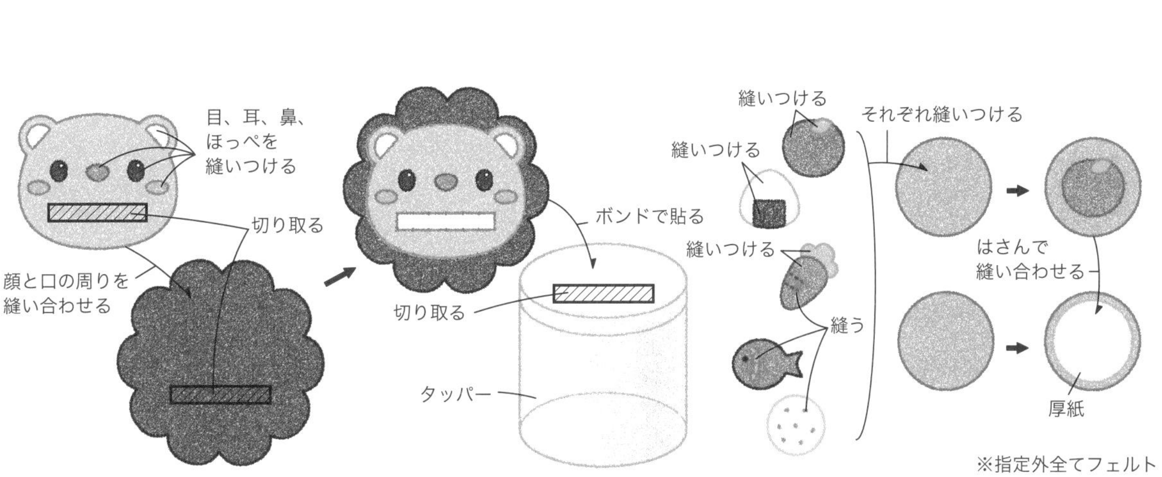
目、耳、鼻、
ほっぺを
縫いつける
切り取る
顔と口の周りを
縫い合わせる
ボンドで貼る
切り取る
タッパー
縫いつける
縫いつける
縫いつける
縫う
それぞれ縫いつける
はさんで
縫い合わせる
厚紙

※指定外全てフェルト

IDEA 10

いろいろ プットイン

容器も落とすものも、100円ショップの材料を組み合わせて、「プットイン」に。手指の発達や興味に合わせて、大きさや色を変えてあそべます。

[視覚] [聴覚] [触覚] [固有覚]

子どもの姿

いろいろなプットインであそぶ中で、感触や音の好きなお気に入りが見つかると、それでくり返しあそんでいます。

貯金箱とおもちゃのコインで

缶の貯金箱とおもちゃのコインの組み合わせ。コインを穴の向きに合わせて入れるので少し難易度が高い。コインが落ちる音も楽しめる。

長いチェーンを入れたり出したり

プラスチックのチェーンをドリンクボトルに入れるプットイン。口の小さいボトルだと難易度が上がるが、グッとさし込む感覚が得られる。

柔らかいプラスチックの素材を活用

（上）CD-ROMのケースに、排水口カバーをふたにして。
（下）ウェットティッシュケースなどをそのまま利用しても。

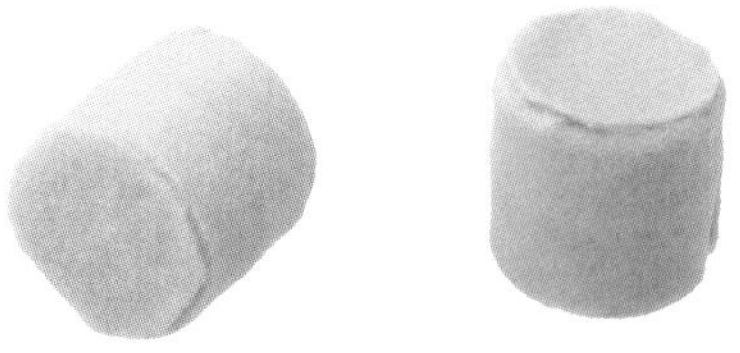

ペットボトルのふたを両面テープで２つ貼り合わせて、フェルトでくるむ。中に鈴など音の出るものを入れても。

IDEA 11

ひっかけワイヤーネット

ワイヤーネットとS字フックを用意するだけ。かけたり外したり、長くつないだり。

［視覚］
［触覚］
［前庭覚］

子どもの姿

ワイヤーネットとカラフルなS字フックを見つけるとすぐにあそび方に気づき、あそび始めました。色合わせを考えたりしながら、エンドレスで楽しんでいます。

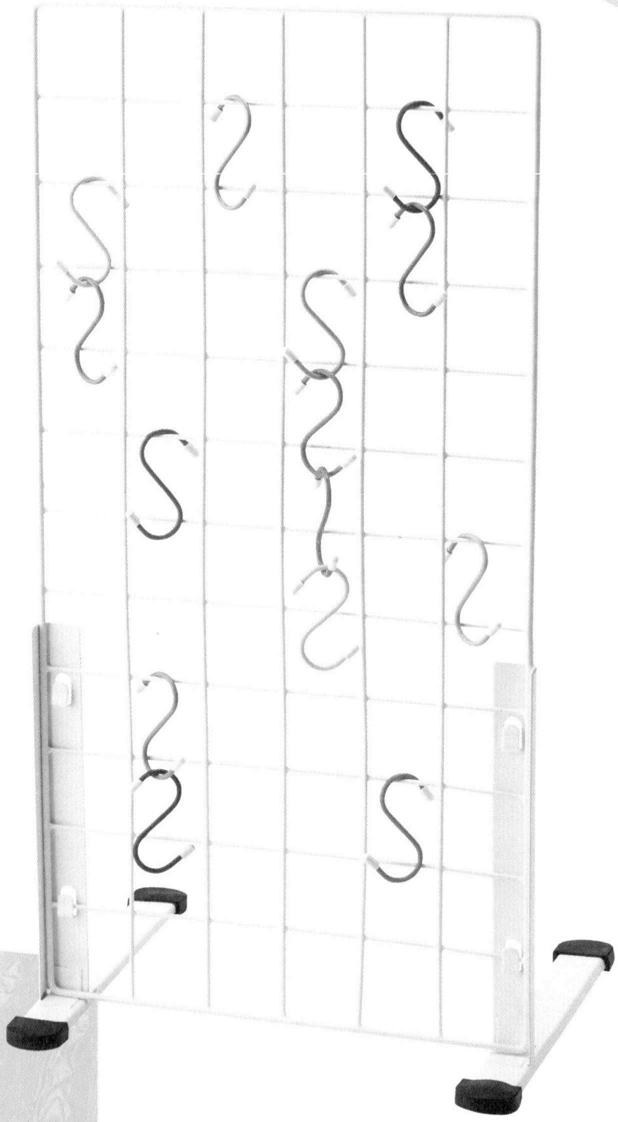

材料

- ワイヤーネット
- ワイヤーネット用スタンド
- カラーのS字フック

作り方とポイント

- ワイヤーネットをスタンドに立てかける。
- 最初にS字フックをいくつかかけておくと、あそび方のイメージをもちやすい。

IDEA 12

キラキラセンサリーバッグ

洗濯のりの弾力とひんやり感に、ビーズなどのキラキラをプラス。触覚も視覚も満たされます。

［視覚］［前庭覚］［触覚］［固有覚］

子どもの姿

暑い季節に、ひんやりとした感触を味わえるおもちゃをと思い、作りました。足でふんだり、手指で中に入っているビーズなどを外から触ったりしてあそんでいました。

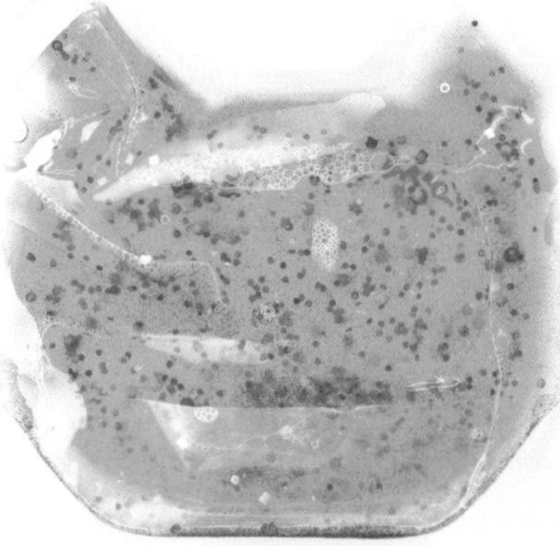

つめたくて
気持ちいい

材料

- ウォーターバッグ
- 洗濯のり
- 食紅または絵の具
- ビーズやスパンコールなど

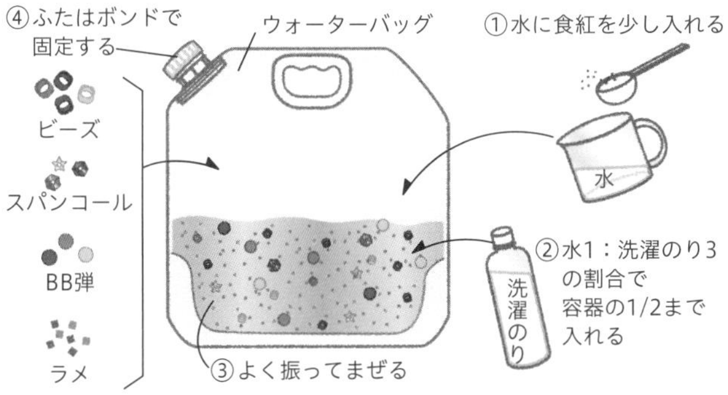
④ふたはボンドで
固定する
ウォーターバッグ
①水に食紅を少し入れる
ビーズ
スパンコール
BB弾
ラメ
水
②水1：洗濯のり3
の割合で
容器の1/2まで
入れる
洗濯のり
③よく振ってまぜる

作り方とポイント

- ウォーターバッグに、洗濯のりを水で溶いて色をつけたものと、好みのビーズなどを入れ、ふたをしっかり閉めボンドで固定する。
- 入れる量は、バッグの1/2程度。入れすぎないほうが扱いやすい。

IDEA 13

紙コップの着せかえ人形

紙コップ人形を、紙コップの「洋服」にかぶせて着せかえごっこ。「洋服」は、シールを貼ったり、絵を描いたりしても楽しいです。

［視覚］

［触覚］

材料

- 紙コップ（白）
- 紙コップ（柄）
- 画用紙

作り方とポイント

- 白地の紙コップの片側を切り抜き、画用紙に描いた顔を貼る。型紙を使用しても。
- 「洋服」は、白地の紙コップに絵を描いたり、色や柄の折り紙を巻いたり、シールを貼ったりしても。

型紙 P.72

子どもの姿

洋服を着せたり脱がせたりを何度もくり返していました。物語をつくって、友だちと話をしながらあそぶ姿も。

パンダは
緑色の服にしよう

IDEA 14

マグネットツリー

イヤリングスタンドの木の幹に、マグネットを仕込んだ葉や花がピタッとくっつきます。くっつけるだけで華やかな木ができ、達成感が得られやすい。

［視覚］
［触覚］

材料

- 金属製のイヤリングスタンド
- マグネット
- フェルト

作り方とポイント

- フェルトの木の幹を、イヤリングスタンドの両面に貼りつける。葉や花の形に切ったフェルトはマグネットをはさんで縫い合わせる。

CAUTION! 子どもがフェルトをはがしてマグネットを取り出さないように、しっかり縫いつける。

型紙 P.72

子どもの姿

しゃべり始めたばかりの子どもが、「はっぱ、はっぱ」と、実際の植物を指さしながらあそんでいました。おもちゃと実物のイメージがつながったようです。

このはっぱは
ここ！

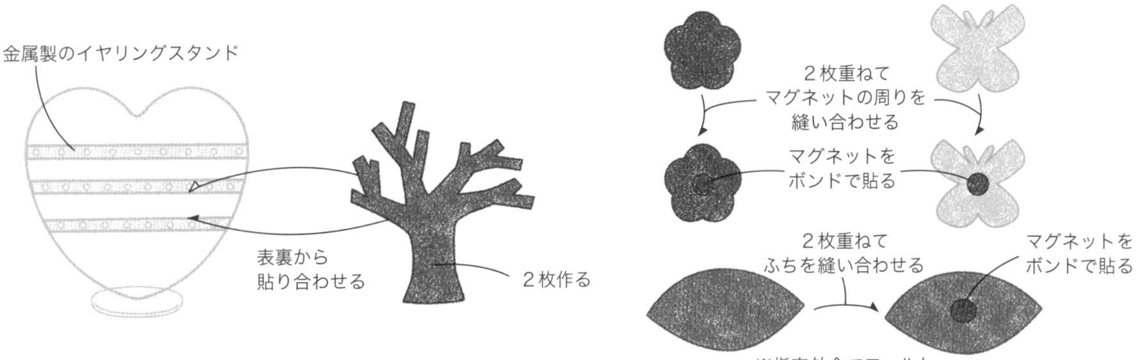

金属製のイヤリングスタンド
表裏から
貼り合わせる
２枚作る
２枚重ねて
マグネットの周りを
縫い合わせる
マグネットを
ボンドで貼る
２枚重ねて
ふちを縫い合わせる
マグネットを
ボンドで貼る

※指定外全てフェルト

IDEA 15

ビジーボード

ファスナーやスナップボタン、コインケースなどを開けたり閉めたり。ひもを結んだりほどいたり。あそびながら、扱いがうまくなります。

［視覚］［固有覚］［聴覚］［触覚］

子どもの姿

洋服などにあるファスナーやボタンには興味がわかなくとも、おもちゃにするとおもしろがって、じっくり手元を見ながらくり返し操作しています。ボードタイプなので、好きな場所に持って行き、楽しんでいます。

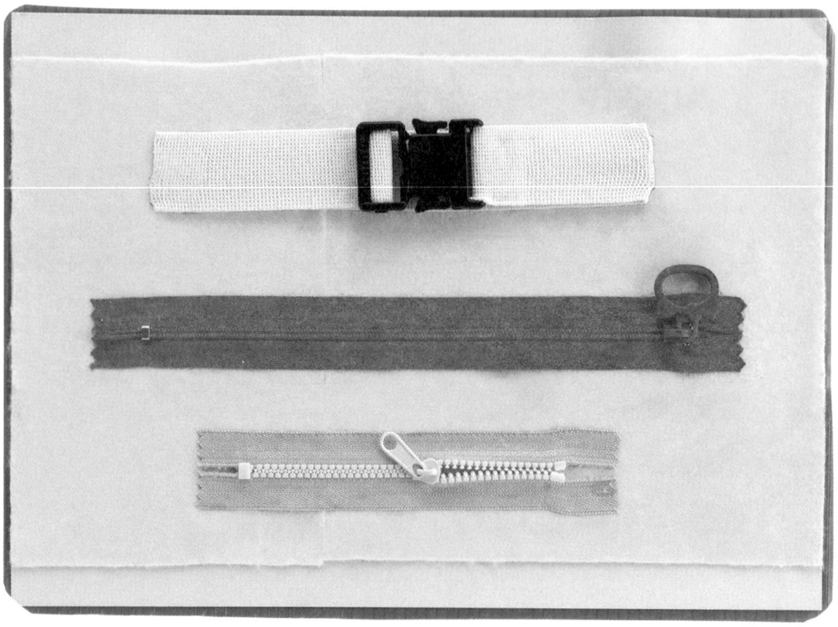

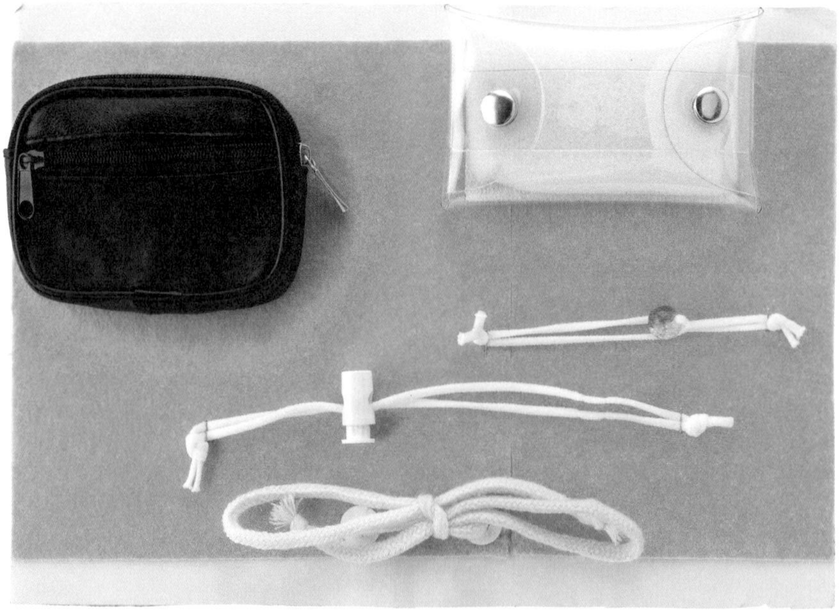

お宝発見！

中に何か入ってる？

材料

- プラスチック段ボール
- 色画用紙
- シールフェルト
- 両面テープ
- ひも
- ファスナー
- ビーズ
- コードストッパー
- バックルベルト
- コインケース
（ファスナータイプ・
スナップボタンタイプ）
- キャラクター消しゴムなどのお宝
- ホチキス

作り方とポイント

- シールフェルトにファスナーやコインケースをつけて色画用紙をはさみ、プラスチック段ボールに貼る。
- コインケースには消しゴムなどを入れておくと、宝探しのようにも楽しめる。

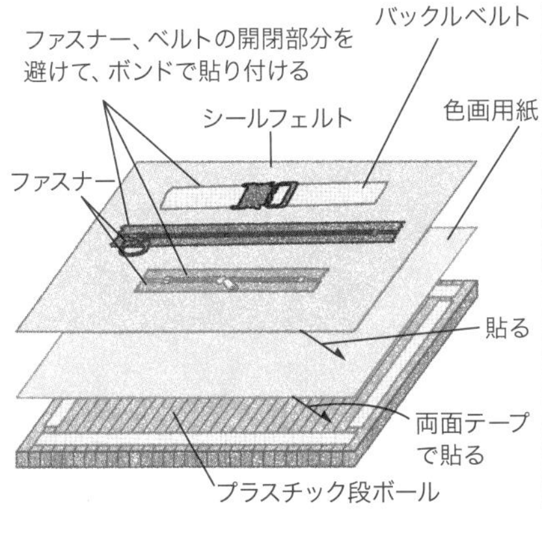

ファスナー、ベルトの開閉部分を
避けて、ボンドで貼り付ける
バックルベルト
シールフェルト
色画用紙
ファスナー
貼る
両面テープ
で貼る
プラスチック段ボール

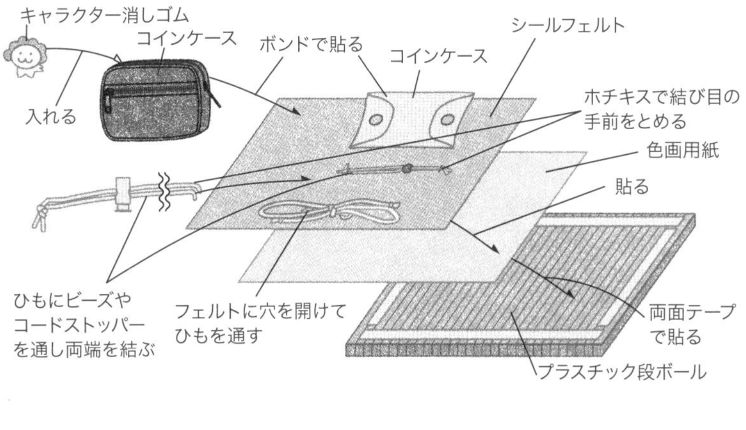

キャラクター消しゴム
コインケース
入れる
ボンドで貼る
コインケース
シールフェルト
ホチキスで結び目の
手前をとめる
色画用紙
貼る
ひもにビーズや
コードストッパー
を通し両端を結ぶ
フェルトに穴を開けて
ひもを通す
両面テープ
で貼る
プラスチック段ボール

IDEA 16

カラーマッチング

微妙に異なる色を見分けてマッチング。全部そろったときのやさしい色合いもポイントです。

[視覚] [前庭覚] [触覚]

マスキングテープの端を貼り合わせてつまみに。

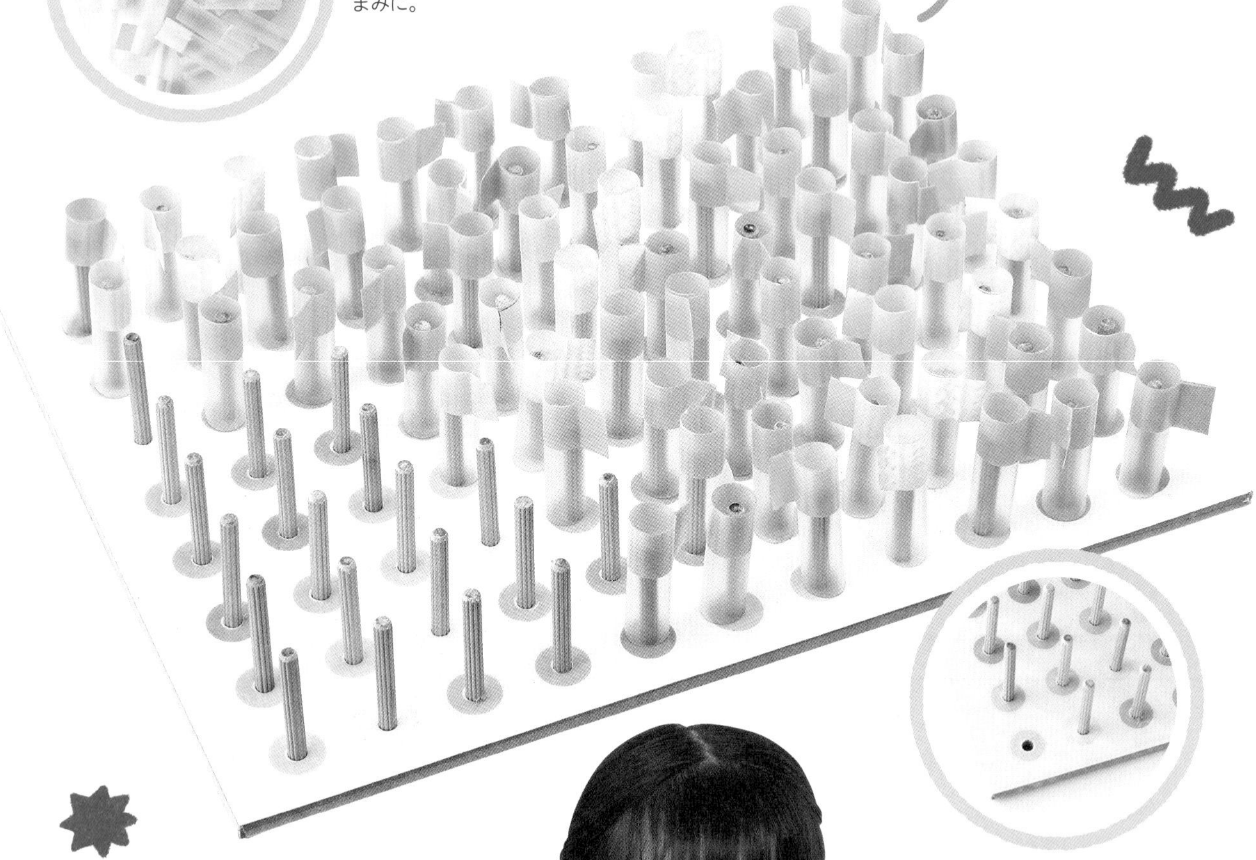

丸シールにパンチで開けた穴が、ボードの穴にぴったり合う。

子どもの姿

色の違いが微妙で、マッチングが難しいパステルカラーで作りました。座ってひとりで集中して行ったり、友だちとやり取りをしたりしながらくり返しあそんでいます。

全部できるよ

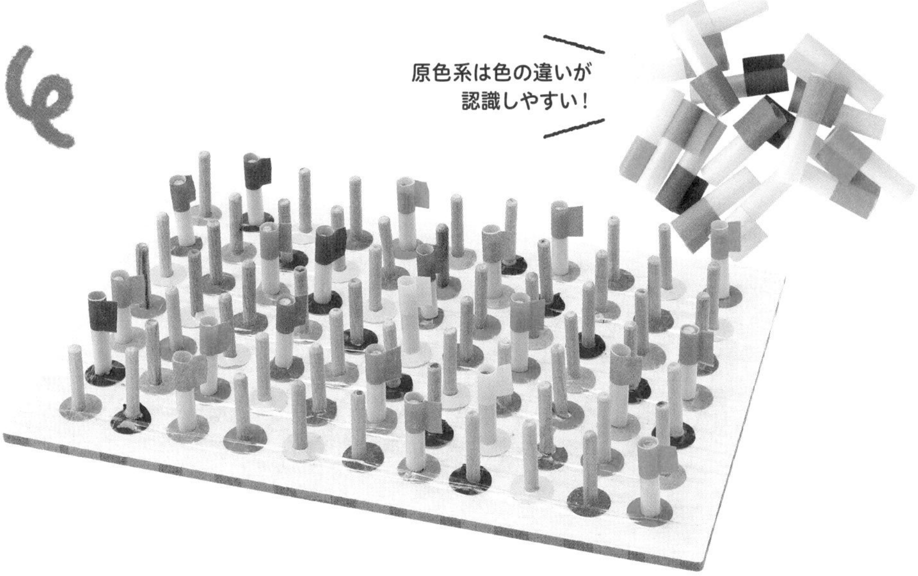
原色系は色の違いが
認識しやすい!

材料

- 有孔ボード　● 木製ダボ
- タピオカドリンク用の太いストロー
- マスキングテープ
- 丸シール
- 製本用カバーフィルム（透明梱包用テープでも）

作り方とポイント

- カバーフィルムで覆ったボードに丸シールを貼って木製ダボをさす。ストローに丸シールと同じ色のマスキングテープを貼る。
- カバーフィルムの代わりに、透明梱包用テープを使っても。

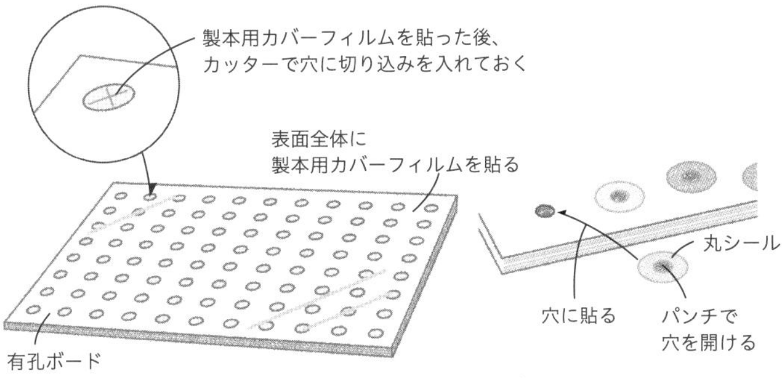
製本用カバーフィルムを貼った後、
カッターで穴に切り込みを入れておく
表面全体に
製本用カバーフィルムを貼る
有孔ボード
丸シール
穴に貼る
パンチで
穴を開ける

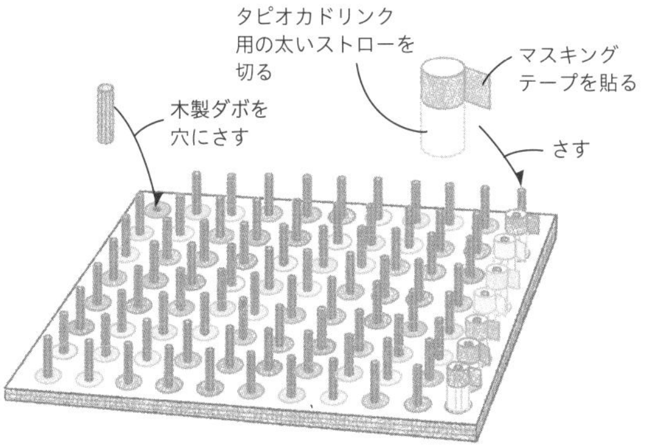
タピオカドリンク
用の太いストローを
切る
マスキング
テープを貼る
木製ダボを
穴にさす
さす

こんなアイデアも！

有孔ボードにではなく紙に丸シールを貼れば、入れ替えて何通りもあそべる。ラベルシールの剥離紙など、丈夫な紙がおすすめ。

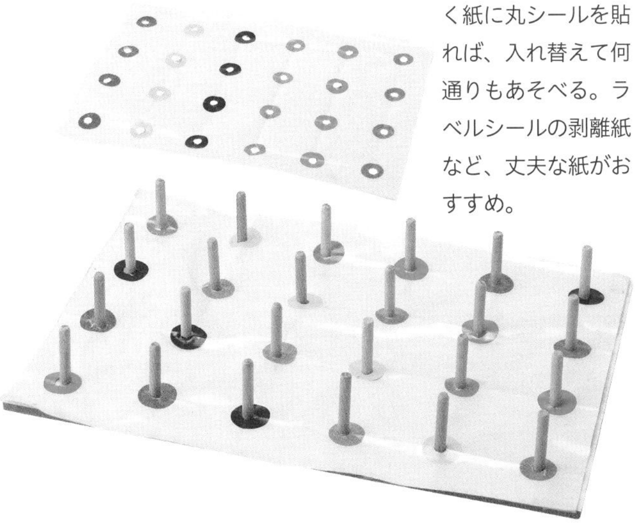

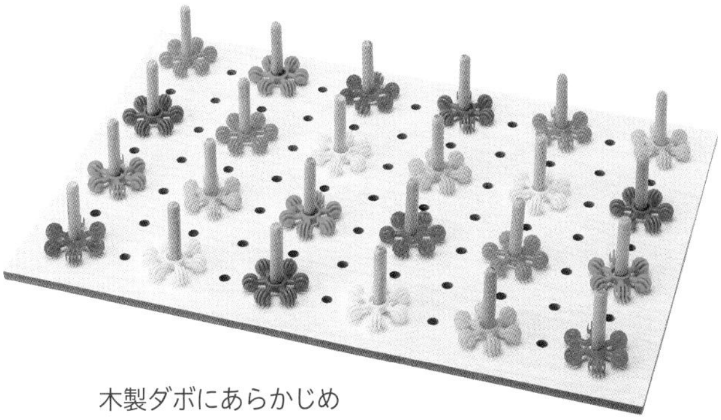

木製ダボにあらかじめブロックを通しておくだけでも、同じ色のブロックをさしていくカラーマッチングができます。

IDEA 17

カラーマッチングのめいろ

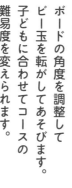

「カラーマッチング」（30－31ページ）のボードに輪ゴムでコースを作り、めいろに。
ボードの角度を調整してビー玉を転がしてあそびます。
子どもに合わせてコースの難易度を変えられます。

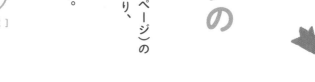

［視覚］
［固有覚］
［前庭覚］

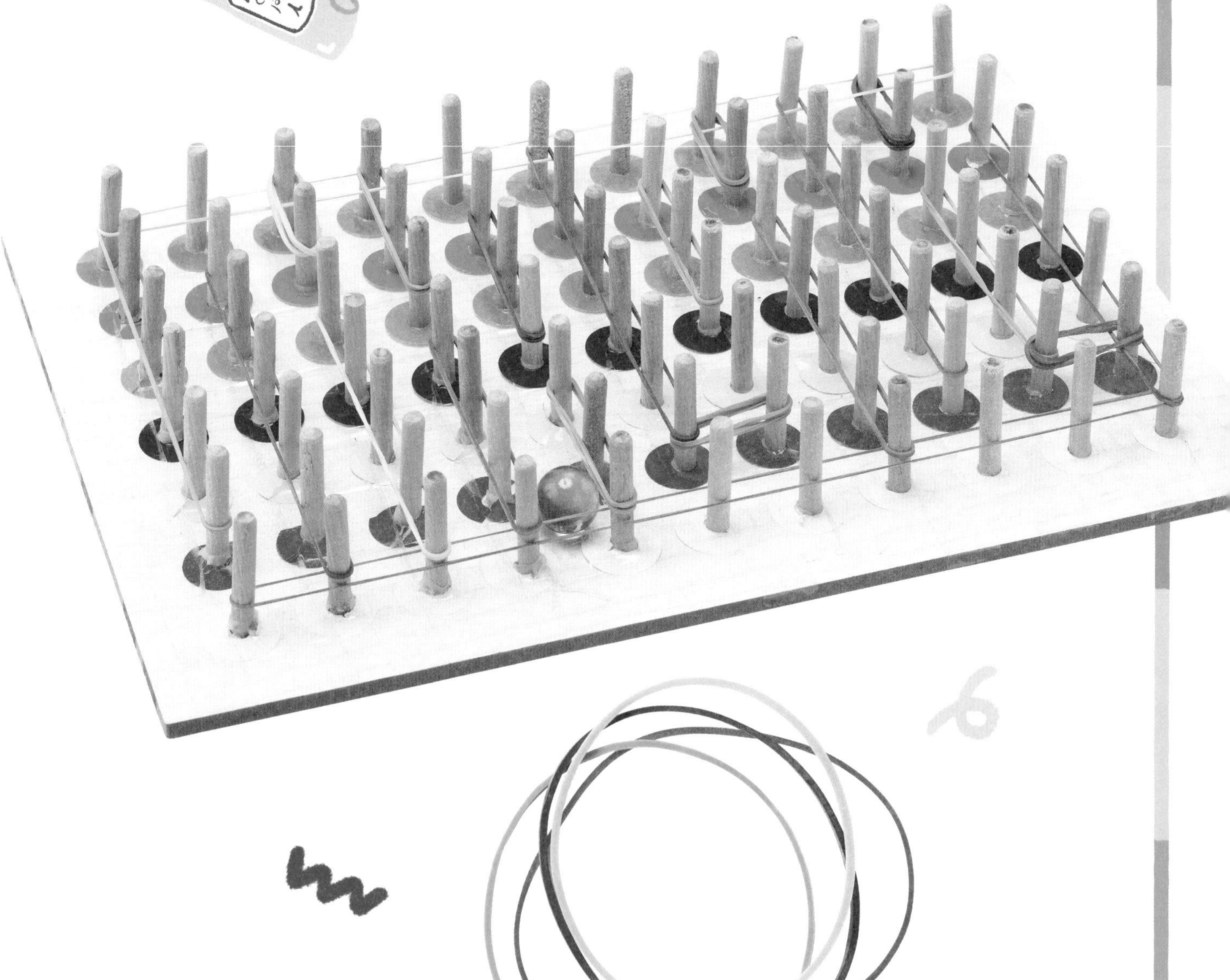

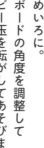

材料

- カラーマッチングのボード（P.31で使用したもの）
- 輪ゴム
- ビー玉

作り方とポイント

- スタートとゴールの位置を決め、木製ダボに輪ゴムをかけて、コースを作る。
- ビー玉がコースを外れないよう輪ゴムの位置を調節して。コースを決めてから輪ゴムをかけると作りやすい。

子どもの姿

ちょっとした角度の違いでビー玉のスピードが変わるので、子どもには少し難しさもあり、それがおもしろいようで集中してあそんでいます。その分、達成感も大きく、くり返しあそぶ姿も。「もっと難しくして」とリクエストもありました。

もうすぐ
ゴールだ

IDEA 18

ペットボトルのふたの表情マッチング

色と表情の違いを見分けて同じ顔をマッチングします。表情の種類が多いほど難易度がアップ。ふたがぴったりはまる感覚も心地よい。

［視覚］
［固有覚］
［前庭覚］

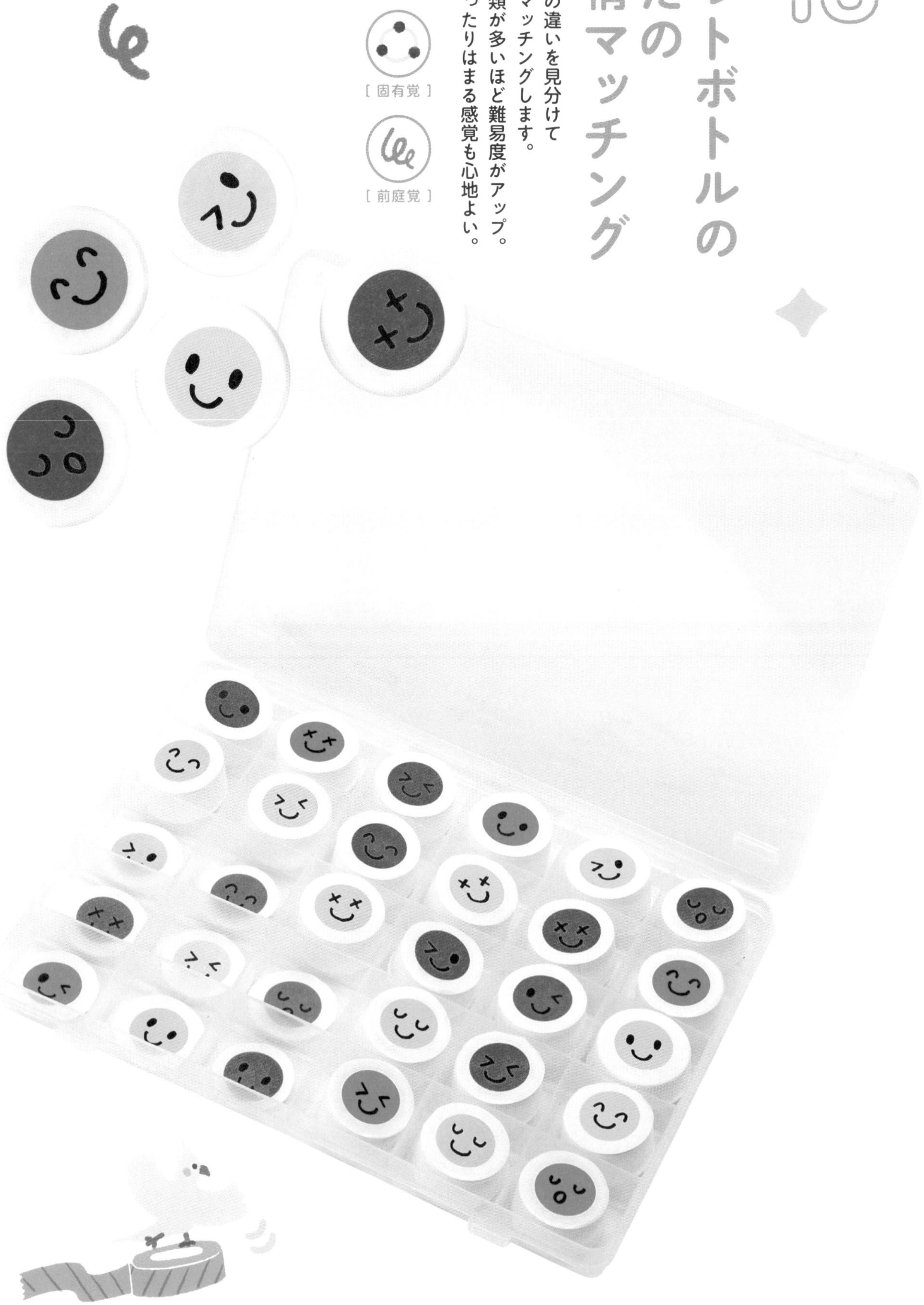

子どもの姿

パズル好きな子どもに、机上でじっくりあそべるものをと思い、作りました。ふたがぴったりはまると少し取り出しにくいので、木製マドラーを用意。自分でふたを取り出して、くり返しあそんでいます。

あと少し！

材料

- ペットボトルのふた
- 仕切りケース
- 丸シール

作り方とポイント

- 丸シール2枚ずつがペア（同じ色・表情）になるよう、いろいろな表情の顔を描き、ペットボトルのふたとケースの底面に、1枚ずつ貼る。
- 笑っている、寝ている、ウインクしているといった、違いがわかりやすい表情を描くとよい。

こんなアイデアも！

アイスクリームの空き箱とペットボトルのふたで。一度にたくさんの数のマッチングが難しい子には、この少なさがおすすめ。子どもの好きなシールを使って楽しんで。

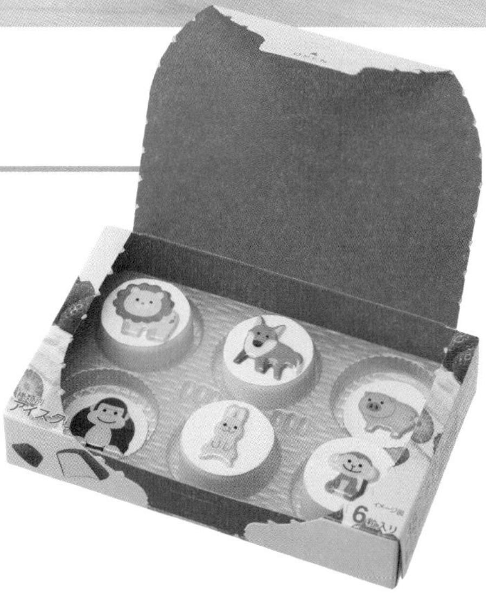

IDEA 19

フェルトボールのつまんでマッチング

小さなカラーフェルトボールを同じ色のスペースにポトン。じっくりゆっくり取り組めます。

［視覚］［触覚］［前庭覚］

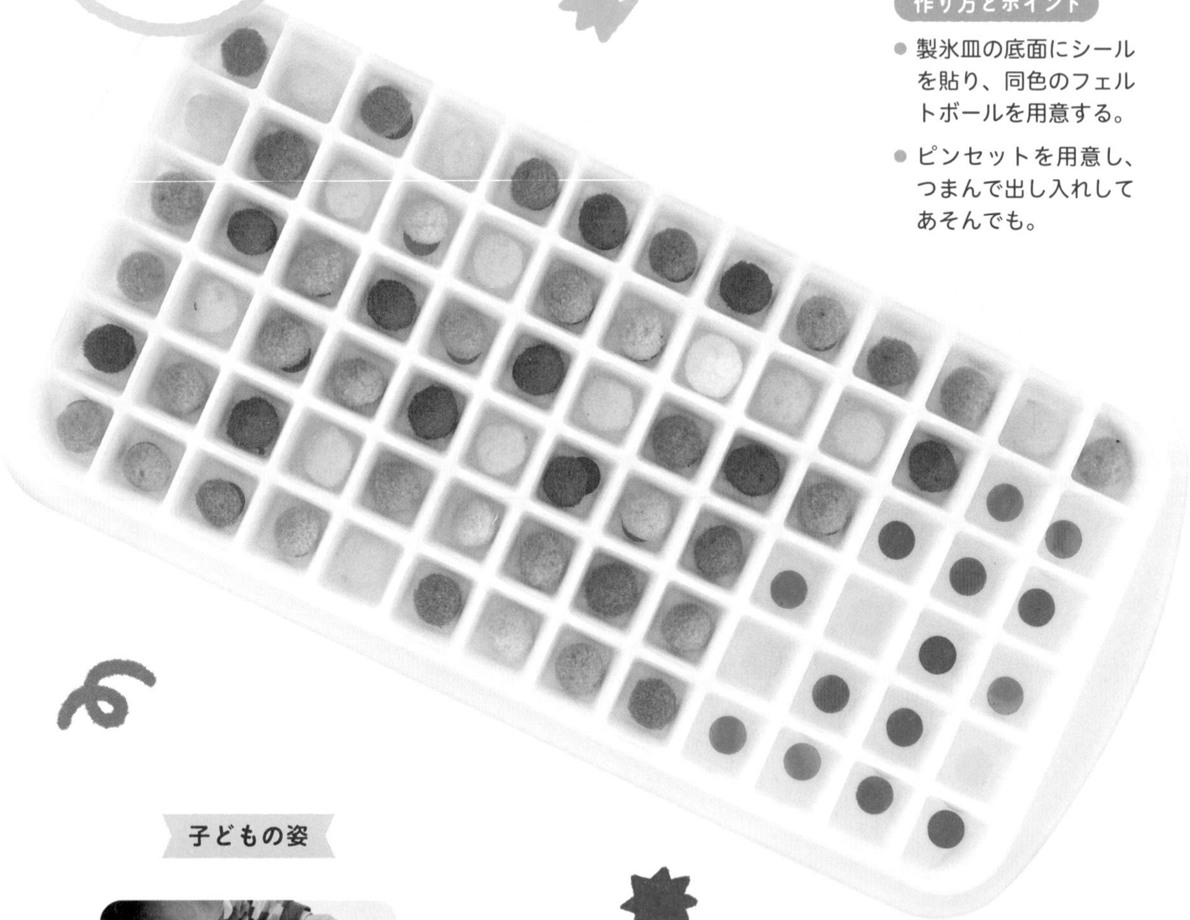

材料

- 製氷皿
- カラーシール
- カラーフェルトボール

作り方とポイント

- 製氷皿の底面にシールを貼り、同色のフェルトボールを用意する。
- ピンセットを用意し、つまんで出し入れしてあそんでも。

子どもの姿

手先が不器用な子でもじっくりあそべるものをと思い、作りました。はじめにフェルトボールを色分けしてから色ごとに入れていくなど、それぞれ工夫してあそんでいました。

こんなアイデアも！

大きい氷用の製氷皿と大きめのフェルトボールを組み合わせて。細かく手を動かせない子どもや、マッチングが苦手な子どもでも楽しめます。フェルトボールの感触が好きな子にもおすすめ。

IDEA 20

歯ブラシキャップのパチン！マッチング

歯ブラシキャップと消しゴムを使ったマッチング。キャップを閉じるパチンという音が心地よく、開けたり閉めたりを楽しむ子も。

［視覚］［聴覚］［固有覚］

材料

- 歯ブラシキャップ
- 消しゴム
- シール

作り方とポイント

- 消しゴムをキャップのサイズに切り、シールを貼る。キャップにも同じ絵柄のシールを貼る。
- 消しゴムの代わりに、厚紙を使ってもよい。

子どもの姿

マッチングが苦手な子どもでも、パチンという音が気に入って、何度もキャップを開けたり閉めたりしてあそびます。

こんなアイデアも！

スーパーボールを色分けして入れたり、ピルケースの色と花はじきの色を組み合わせるだけで、カラーマッチングのおもちゃに。歯ブラシキャップと同様、パチンという音も楽しめます。

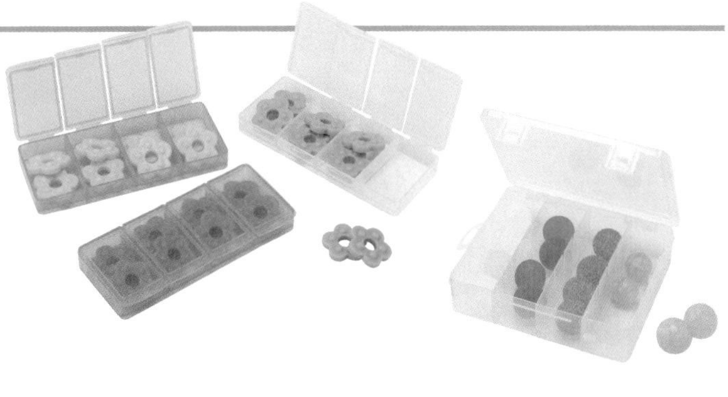

IDEA 21

ゴルフティーのプットインマッチング

小さい穴にゴルフティーの先端を合わせて押し込む・引き抜く操作と、色合わせの両方が楽しめます。ゴルフティーをグイッと押し込む感覚が心地よい。

［視覚］
［固有覚］
［前庭覚］

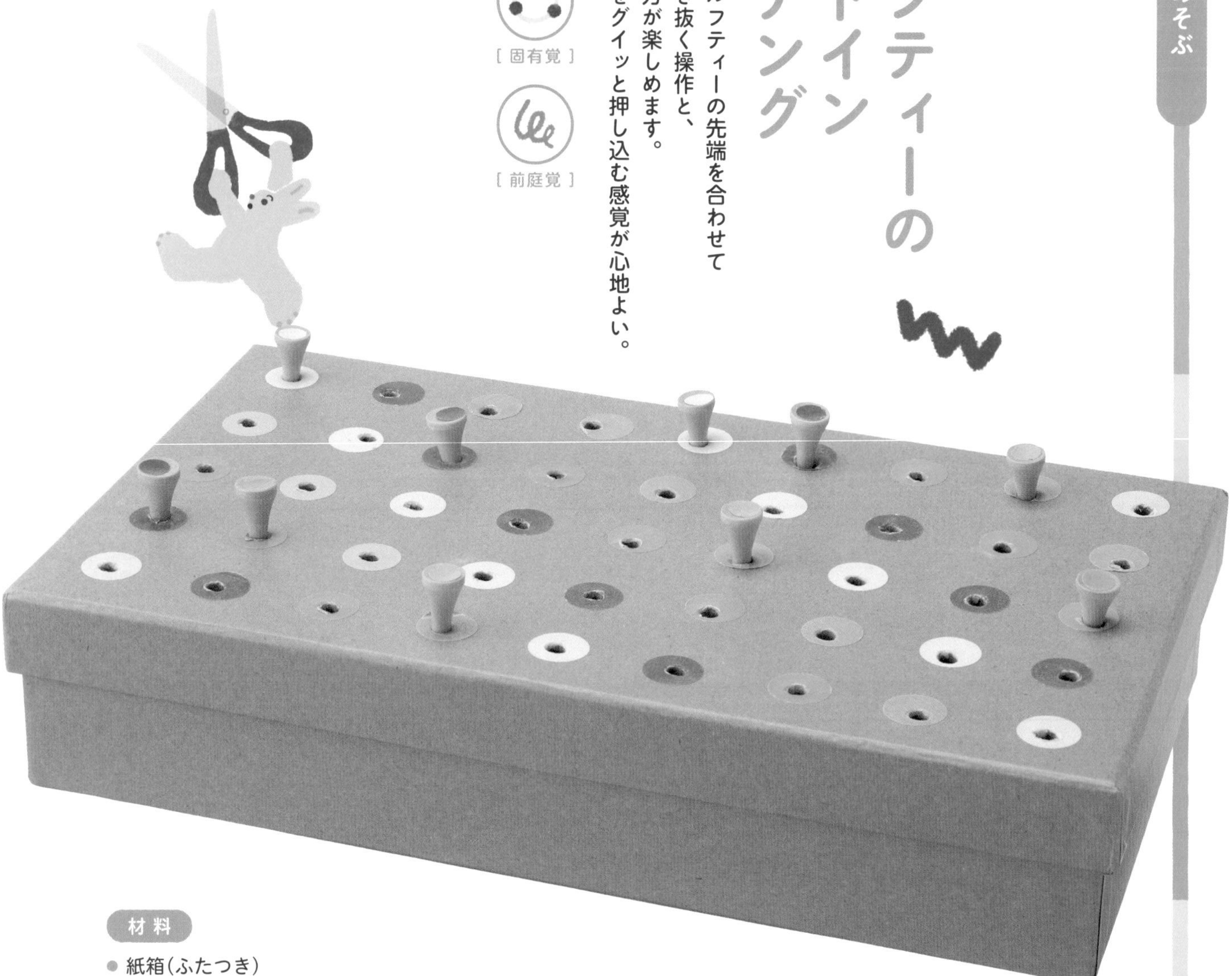

材料

- 紙箱（ふたつき）
- 丸シール（大・小）
- 木製のゴルフティー

作り方とポイント

- 箱のふたに丸シール（大）を並べて貼り、シール中央に穴を開ける。ゴルフティーの上部には丸シール（小）を貼る。
- あそんでいるうちに穴が大きくなったら、上から丸シールを貼って補修を。

箱より小さいサイズの容器にゴルフティーを入れておけば、箱の中に納めて保管できる。

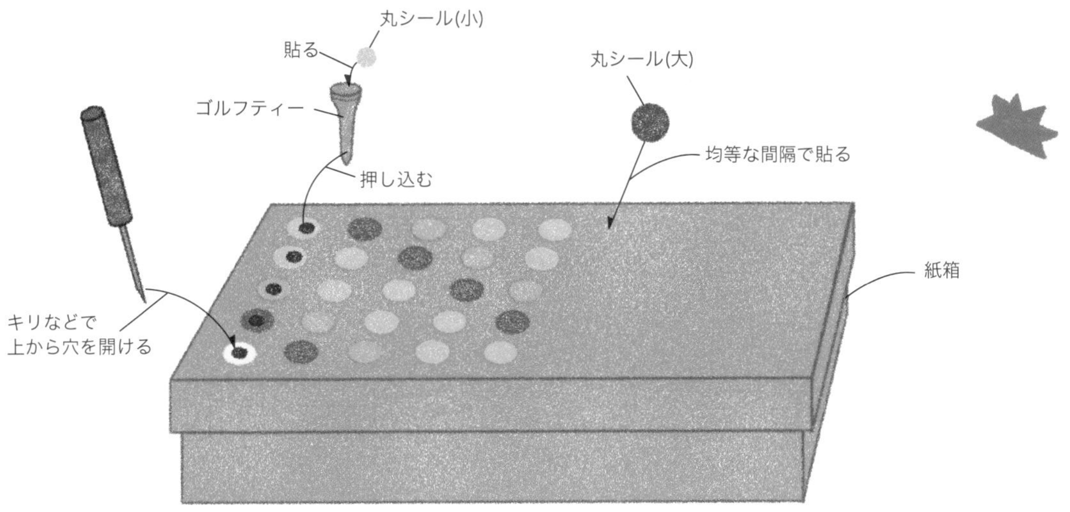
丸シール(小)
貼る
ゴルフティー
押し込む
丸シール(大)
均等な間隔で貼る
紙箱
キリなどで
上から穴を開ける

子どもの姿

ゴルフティーを押し込む・引き抜く、それぞれの感覚が心地よいようです。穴を多く作るとたっぷりあそべることと、終わりがわかりやすいことで、完成すると満足した表情が見られます。

プスッ！
スポッ！

IDEA 22

絵合わせ立体パズル

紙パックと絵合わせカードを使った立体パズル。2つのキューブがつながっているので、絵がピタッと合います。

［視覚］

材料

- 紙パック（牛乳やジュース）
- 色画用紙
- 絵合わせカード
- ビニールテープ

作り方とポイント

- 紙パックを切って立方体を2つ作り、1辺を貼り合わせてつなげる。6面を覆うように色画用紙を貼り、絵が合うようにカードを貼る。
- 絵合わせカードは市販品を購入しても、型紙を使用して色画用紙で作っても。

型紙 P.74

ほかの面には別の動物の絵が。

開くと！

子どもの姿

パタンと開くと違う絵が出てくるのがおもしろい様子で、開いたり閉じたり、向きを変えたりして、何度もくり返してあそびます。

わぁ
サイさん!

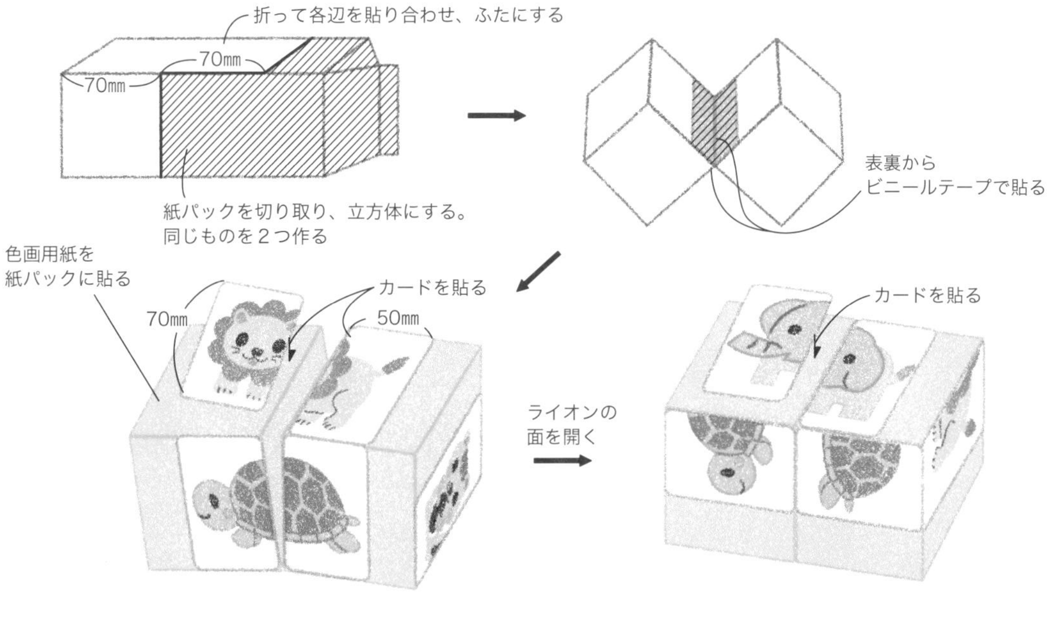
折って各辺を貼り合わせ、ふたにする
70㎜
70㎜
紙パックを切り取り、立方体にする。
同じものを２つ作る
表裏から
ビニールテープで貼る
色画用紙を
紙パックに貼る
70㎜
カードを貼る
50㎜
ライオンの
面を開く
カードを貼る

IDEA 23

色合わせマグネットパズル

文字や数字のマグネットとホワイトボードで、子どもの興味に合わせたマッチングパズルに。

［視覚］

［前庭覚］

材 料

- ホワイトボード
- 文字や数字のマグネット
- マグネット（用紙固定用）
- コピー用紙

作り方とポイント

- 文字や数字のマグネットを貼ったホワイトボードのカラーコピーをとり、ホワイトボードにその用紙を固定する。
- 動物や乗り物などのマグネットでも同様に作れる。

子どもの姿

文字や数字に興味がでてきた子が夢中になって取り組んでいます。「もっと難しくしてもいいよ」とリクエストも。マグネットなのでパチッとくっつく音や感覚も心地よいようです。

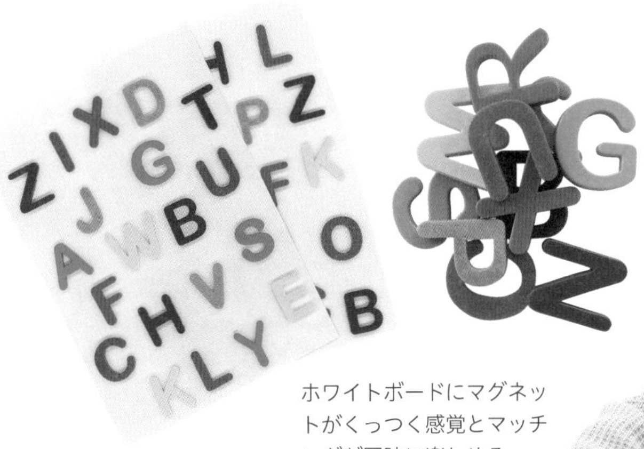

ホワイトボードにマグネットがくっつく感覚とマッチングが同時に楽しめる。

ここだよー

IDEA 24

くるくるカラーマッチングボード

中を覗き込んで色を確認し、同じ色のふたを選んで閉める。カラーマッチングとふたの開け閉めが楽しめます。

［視覚］［固有覚］［前庭覚］

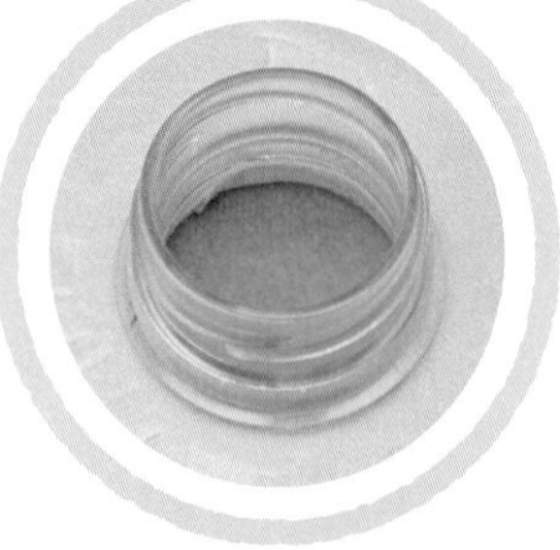

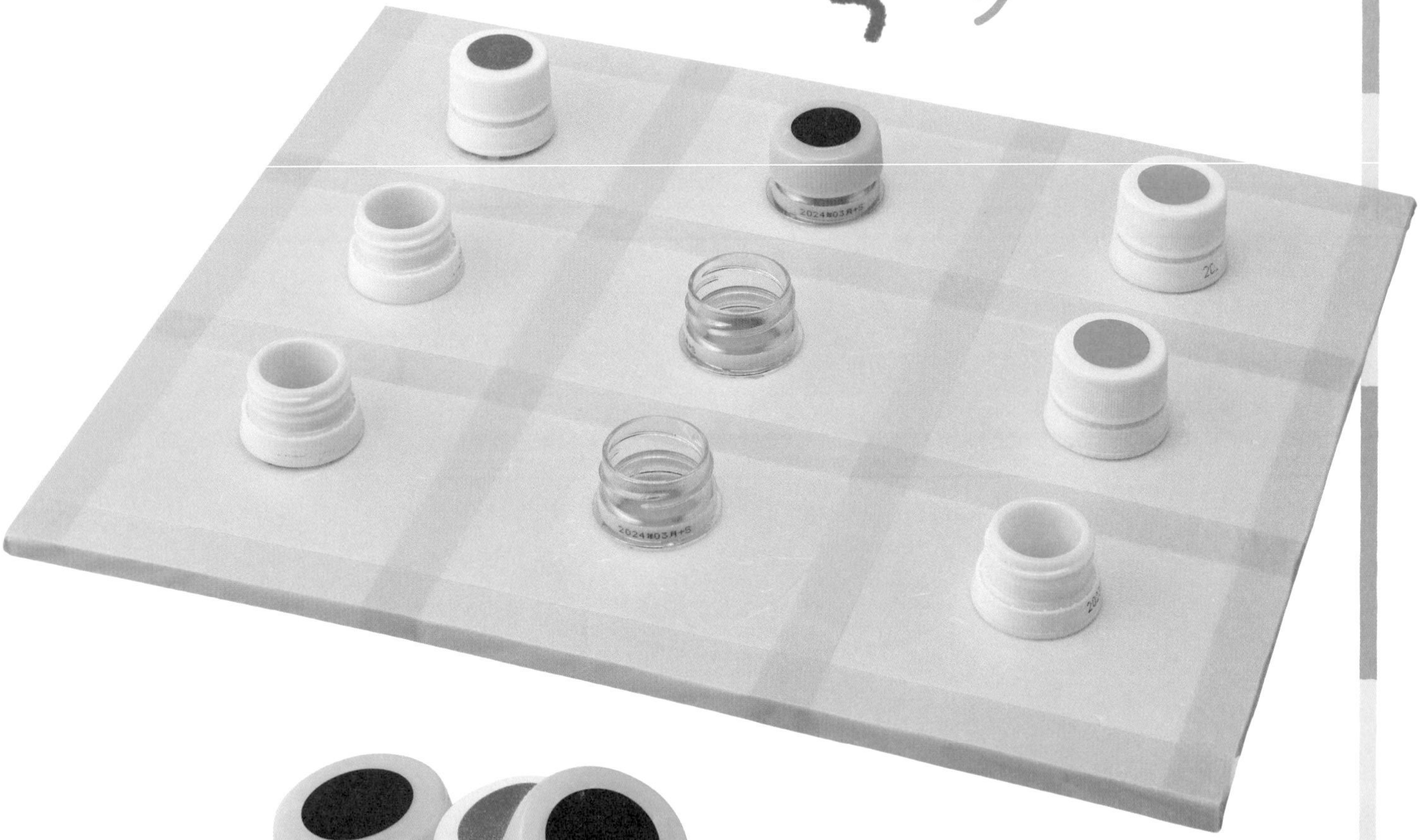

材料

- カラーボード（色つきのスチレンボード）
- 色画用紙
- ペットボトル（飲み口とふた）
- 丸シール
- マスキングテープ
- 両面テープ
- グルーガン

作り方とポイント

- 1枚のボードに穴を開け、ペットボトルの飲み口をさし込む。色画用紙をはさみ、もう1枚のボードと貼り合わせる。
- カラーボードを使えば、ペットボトルの飲み口を押し込むようにするだけではめられる。

子どもの姿

色を合わせてふたを回して閉めるところまで、真剣な表情で集中しています。くり返しているうちにスピードアップしてきました。

ここは
緑色だよ

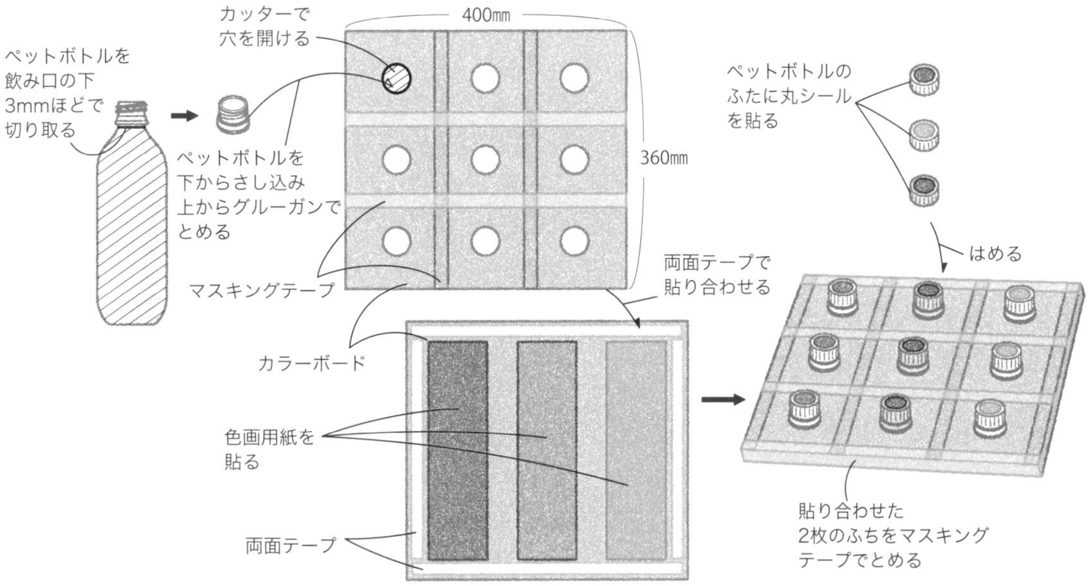
ペットボトルを
飲み口の下
3mmほどで
切り取る
カッターで
穴を開ける
400mm
360mm
ペットボトルを
下からさし込み
上からグルーガンで
とめる
マスキングテープ
ペットボトルの
ふたに丸シール
を貼る
はめる
両面テープで
貼り合わせる
カラーボード
色画用紙を
貼る
両面テープ
貼り合わせた
2枚のふちをマスキング
テープでとめる

IDEA 25

くるくる絵合わせボード

子どもが好きな虫や花、乗り物などのシールを使います。絵合わせと、ふたの開け閉めの両方が楽しめます。

[視覚]

[固有覚]

[前庭覚]

材料

- スチレンボード
- ペットボトル(飲み口とふた)
- シール(虫や乗り物など)
- 丸シール
- コピー用紙
- クリアポケット
- マスキングテープ
- グルーガン

作り方とポイント

- 1枚のボードに穴を開け、ペットボトルの飲み口をさし込む。もう1枚のボードと一辺を貼り合わせる。
- 穴の位置に合わせてコピー用紙にシールを貼り、クリアポケットに入れる。
- 昆虫や花など、シールのテーマを変えて何パターンも作っておく。

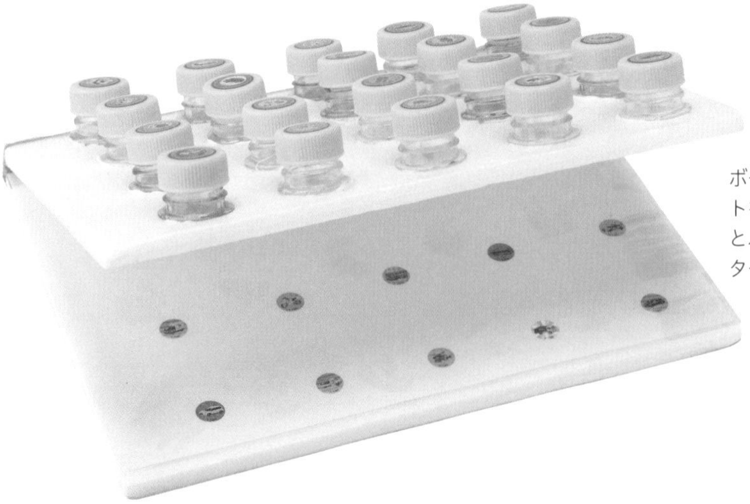

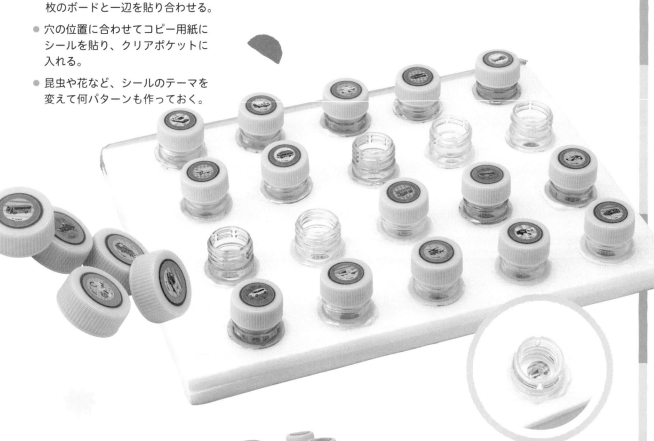

ボードを開くと下のシートを変えられる。シートとふたを変えれば、何パターンもできる。

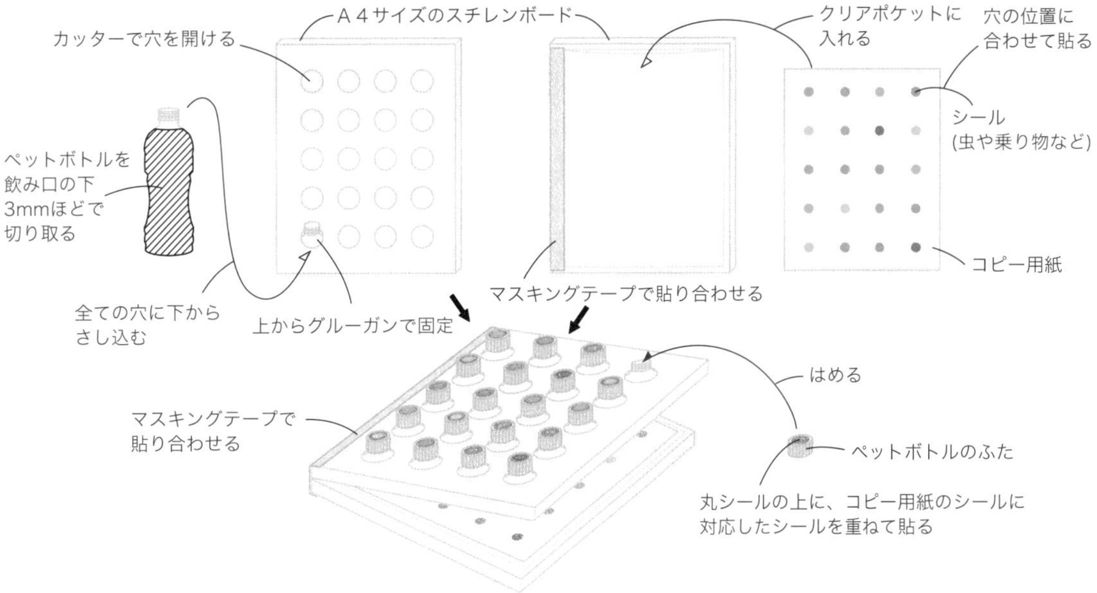
Ａ４サイズのスチレンボード
カッターで穴を開ける
クリアポケットに
入れる
穴の位置に
合わせて貼る
ペットボトルを
飲み口の下
3mmほどで
切り取る
シール
(虫や乗り物など)
コピー用紙
マスキングテープで貼り合わせる
全ての穴に下から
さし込む
上からグルーガンで固定
はめる
マスキングテープで
貼り合わせる
ペットボトルのふた
丸シールの上に、コピー用紙のシールに
対応したシールを重ねて貼る

子どもの姿

虫好きの子、車好きの子など、自分の興味のあるものが小さな穴の中に見えるだけでもうれしいようで、覗き込んでは楽しそうに同じ絵柄を探しています。

くるくる
できるよ

種類ごとにふたの色を変えると、分類しやすい。

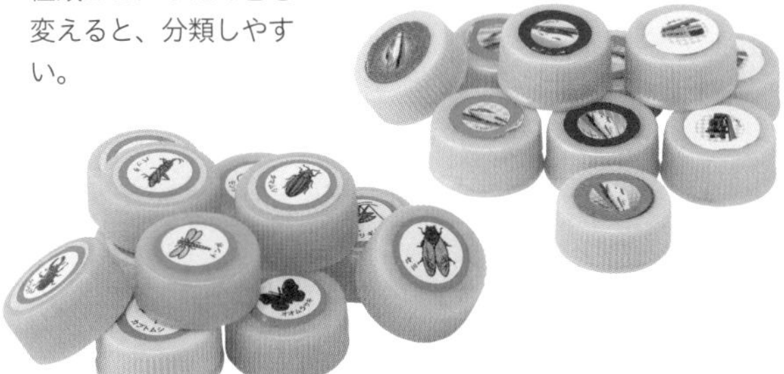

IDEA 26

俵形スナップチェーン

スナップボタンをパチッとはめるのが心地よく、長くつなげていくのが楽しい。手指をたっぷり使いながら、スナップボタンのとめ外しが身につきます。

[固有覚] [視覚] [触覚] [聴覚]

材料

- 布
- 綿
- スナップボタン

作り方とポイント

- 布を筒状に縫ってから綿を詰め、両端にスナップボタンをしっかり縫いつける。
- あそんでいるうちに糸がほつれることがあるので、定期的に点検を。

長く
つなごう

子どもの姿

パーツをたくさん出すと、全部を使う勢いで熱心につないでいます。輪にしてネックレスにしたり、料理に見たてたりとあそびを広げています。

小さなおにぎり
がいっぱい

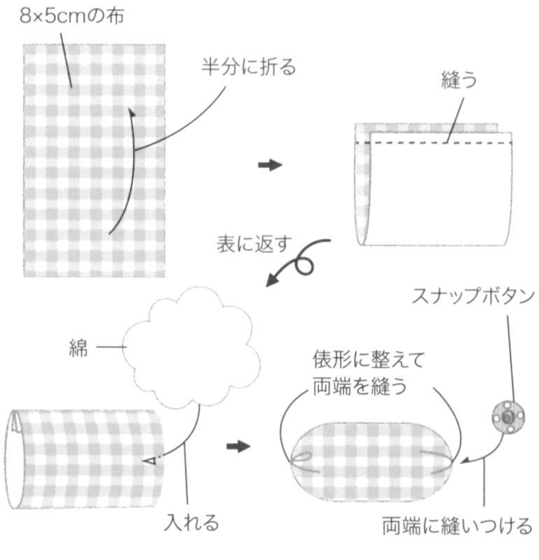
8×5cmの布
半分に折る
縫う
表に返す
綿
入れる
俵形に整えて
両端を縫う
スナップボタン
両端に縫いつける

IDEA 27

ボタンで連結新幹線

ボタンをはめて
新幹線をつないでいく。
楽しくあそびながら
ボタンのとめ外しが身につきます。

［視覚］
［触覚］
［固有覚］

子どもの姿

大人が何も言わなくても、ボタンをはめてつないでは、新幹線を走らせてあそんでいます。もっと車両がほしいとリクエストもあり、大人気のおもちゃになりました。

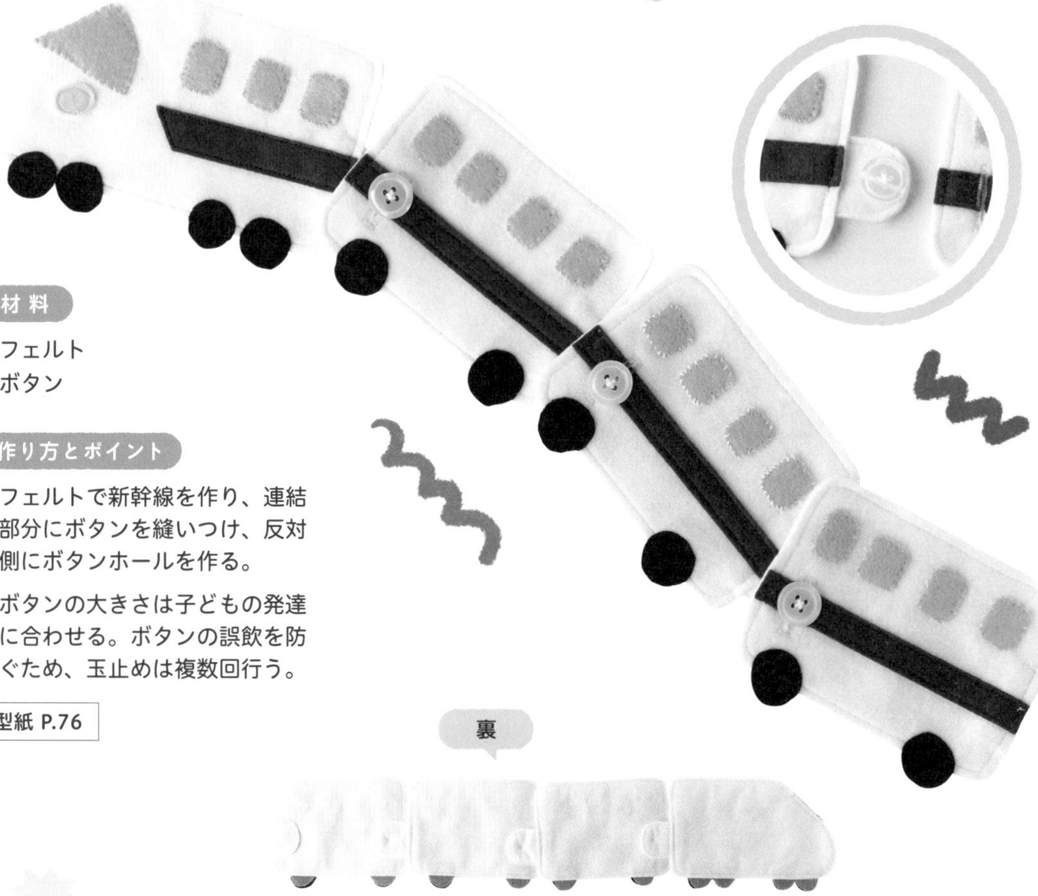

裏

材料

- フェルト
- ボタン

作り方とポイント

- フェルトで新幹線を作り、連結部分にボタンを縫いつけ、反対側にボタンホールを作る。
- ボタンの大きさは子どもの発達に合わせる。ボタンの誤飲を防ぐため、玉止めは複数回行う。

型紙 P.76

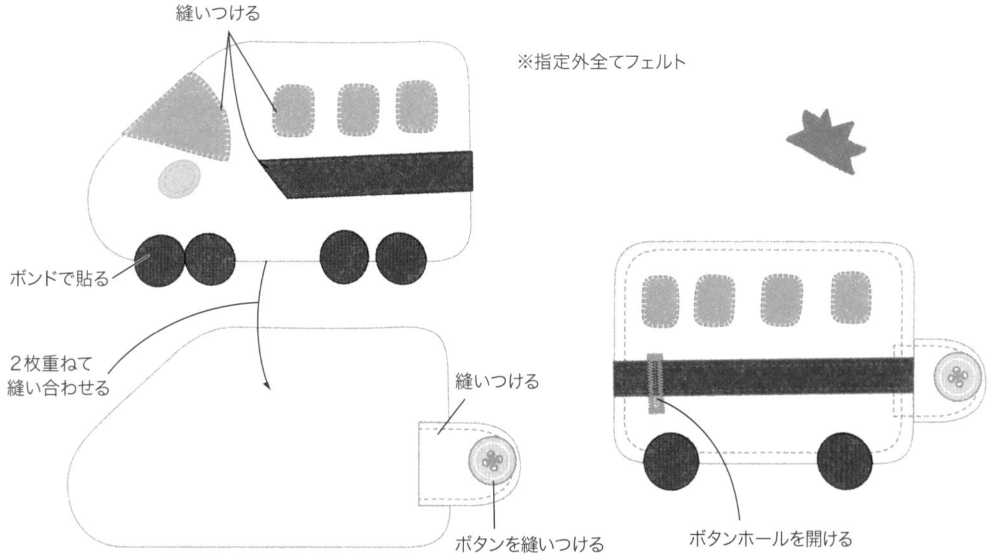
縫いつける
※指定外全てフェルト
ボンドで貼る
2枚重ねて
縫い合わせる
縫いつける
ボタンを縫いつける
ボタンホールを開ける

IDEA 28

スナップあそび

スナップボタンをパチッとはめると果物やおにぎりのできあがり。達成感が得られやすく何度もくり返しあそべます。

［固有覚］［視覚］［触覚］［聴覚］

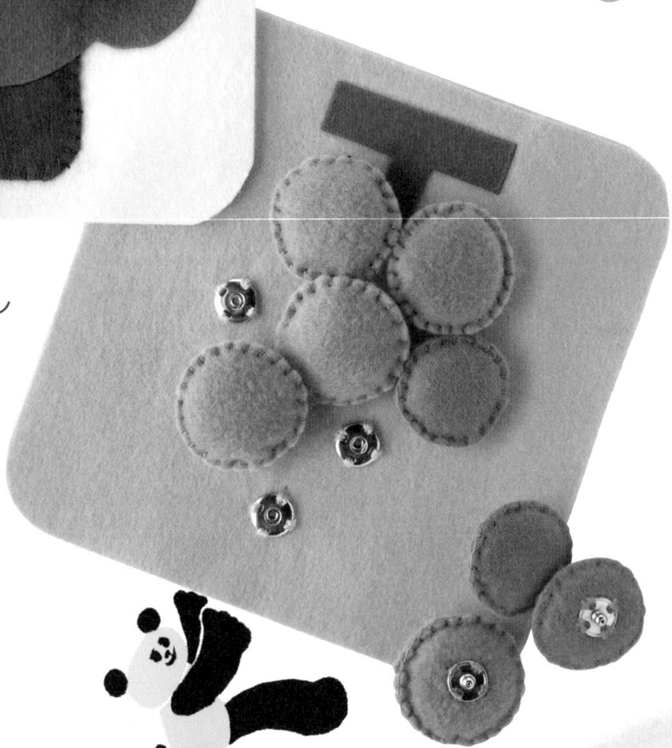

材料

- フェルト
- スナップボタン
- 綿

作り方とポイント

- ぶどうの粒やりんごはフェルトにスナップボタンを縫いつけてから、中に綿を入れて縫い合わせる。
- シールタイプのフェルトははがれやすいので、縫い合わせるかアイロンタイプを使用する。

型紙 P.77

CAUTION! スナップボタンは、糸が切れてもすぐに外れないように、ボタンの穴1か所ごとに玉止めを。

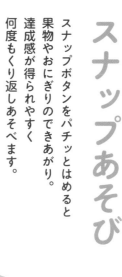

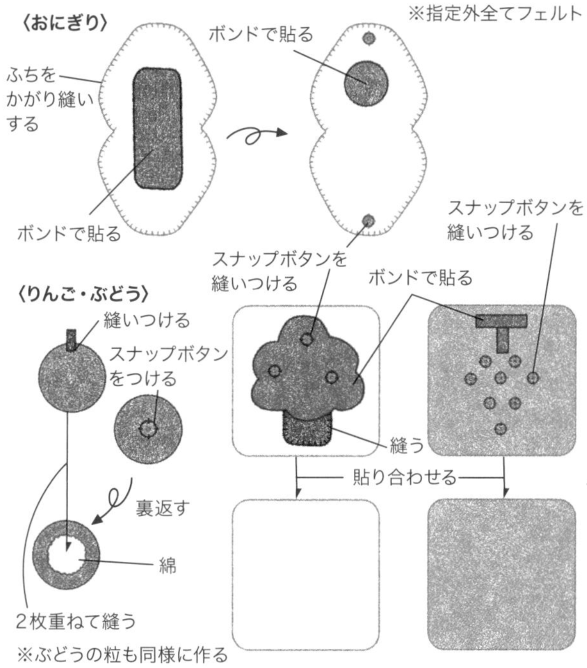
〈おにぎり〉
ふちを
かがり縫い
する
ボンドで貼る
ボンドで貼る
※指定外全てフェルト
スナップボタンを
縫いつける
スナップボタンを
縫いつける
ボンドで貼る
〈りんご・ぶどう〉
縫いつける
スナップボタン
をつける
裏返す
綿
2枚重ねて縫う
※ぶどうの粒も同様に作る
縫う
貼り合わせる

子どもの姿

おなじみの食べ物モチーフなので、すぐに興味をもちました。手元を見ながらじっくりあそべて楽しく成功体験をつんでいます。パチッとはまった感覚も気に入ったようです。

パッチン！
できた

いただき
まーす

ぶどう
大好き

IDEA 29

もぐもぐパックンひも通し

ストーリーを想像しながら楽しくひも通しができます。穴にひもを通す動作は集中しやすいあそびです。

［視覚］
［触覚］
［前庭覚］

材料

- フェルト
- 綿ロープ
- 綿

作り方とポイント

- フェルト２枚に綿をはさみ、綿ロープを入れ込んで縫い合わせる。綿ロープの先にもフェルトを縫いつけて補強すると、穴に通しやすい。
- 発達に合わせて穴のサイズを調整して作っても。

型紙 P.78

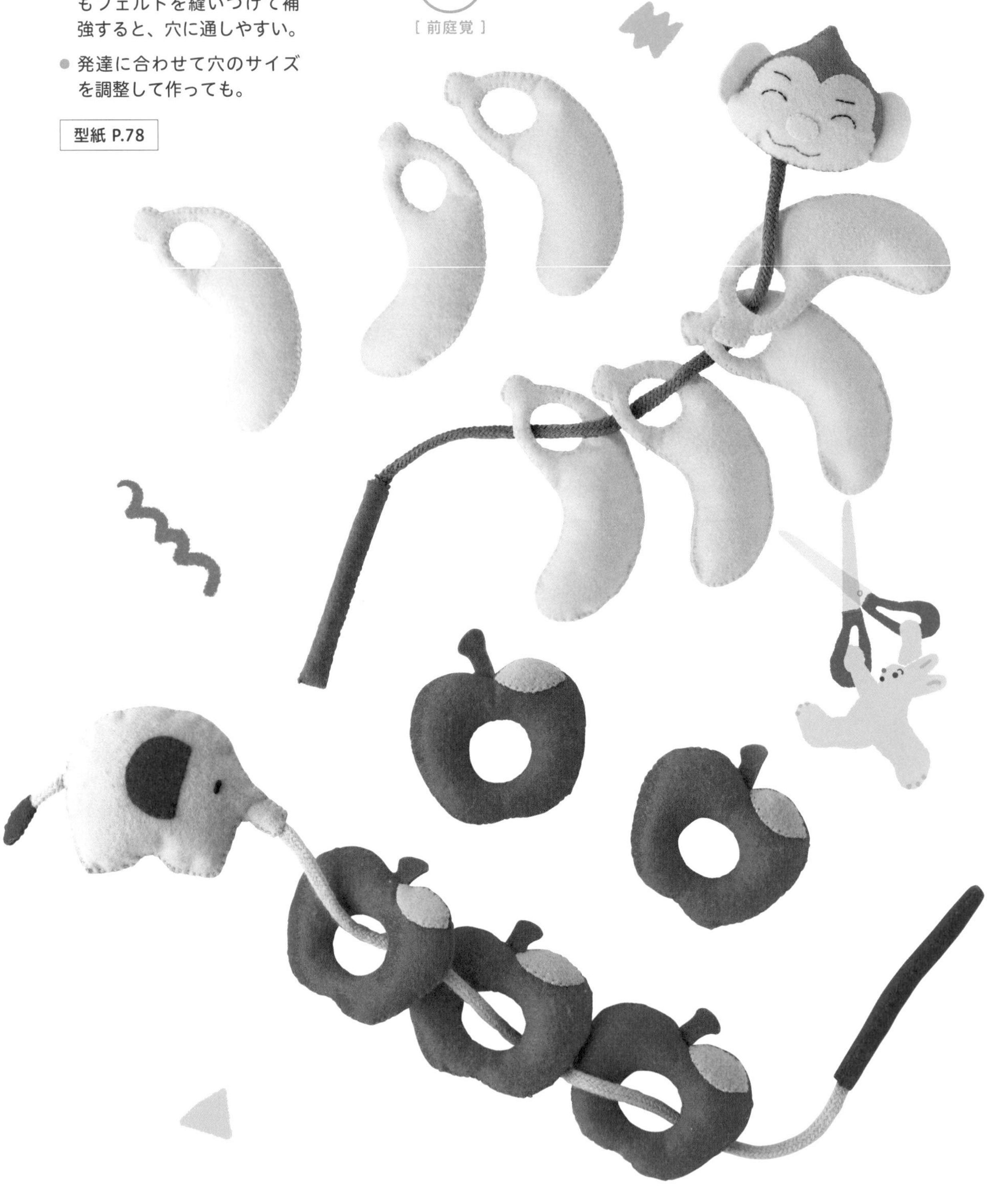

子どもの姿

1点をじっと見つめて、穴にひもを通そうとするので、自然に集中できます。全部通すと、広げてうれしそうに眺めています。

ぜんぶできた!

※指定外全てフェルト

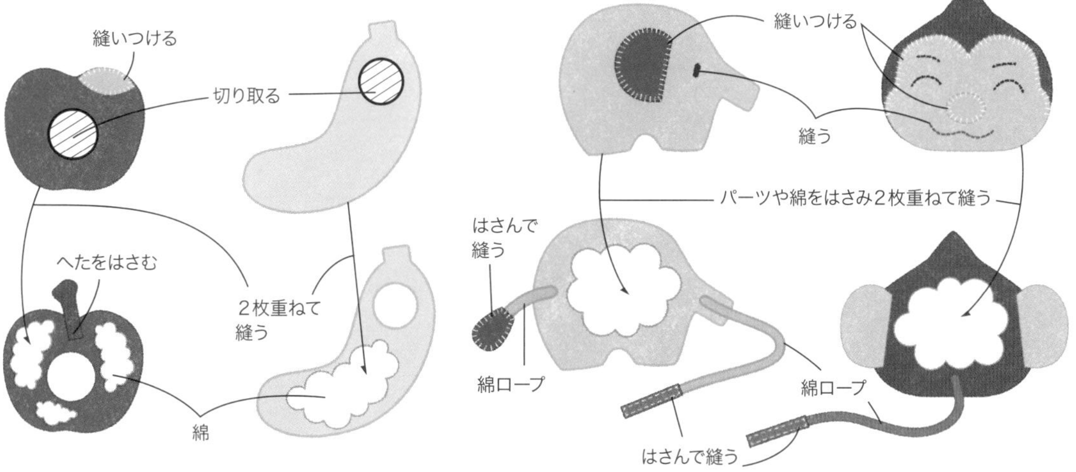

縫いつける
切り取る
へたをはさむ
2枚重ねて縫う
綿
縫いつける
縫う
パーツや綿をはさみ2枚重ねて縫う
はさんで縫う
綿ロープ
綿ロープ
はさんで縫う

IDEA 30

ロープで三つ編みマスコット

思わず触りたくなる
かわいらしいマスコットで
三つ編みにチャレンジしましょう。
ねじったり結んだりしても楽しい。

[視覚]
[触覚]
[前庭覚]

材料

- フェルト
- 綿ロープ
- 綿

作り方とポイント

- フェルトを切ってパーツを作り、綿と綿ロープを入れ込んで縫い合わせる。
- 壁などにかけるとあそびやすい。

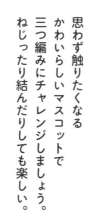

型紙 P.79

※指定外全てフェルト

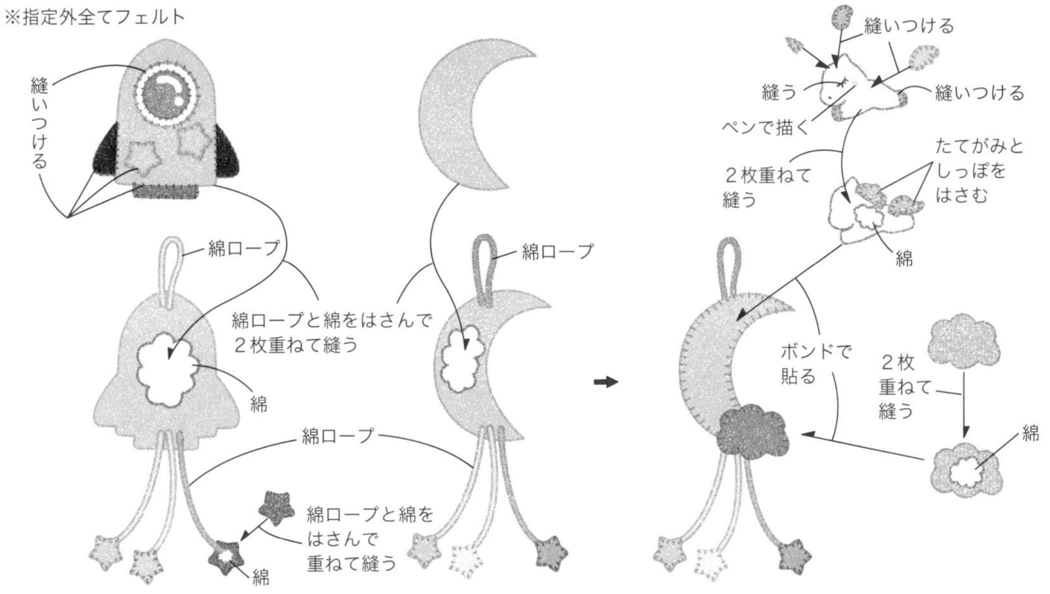

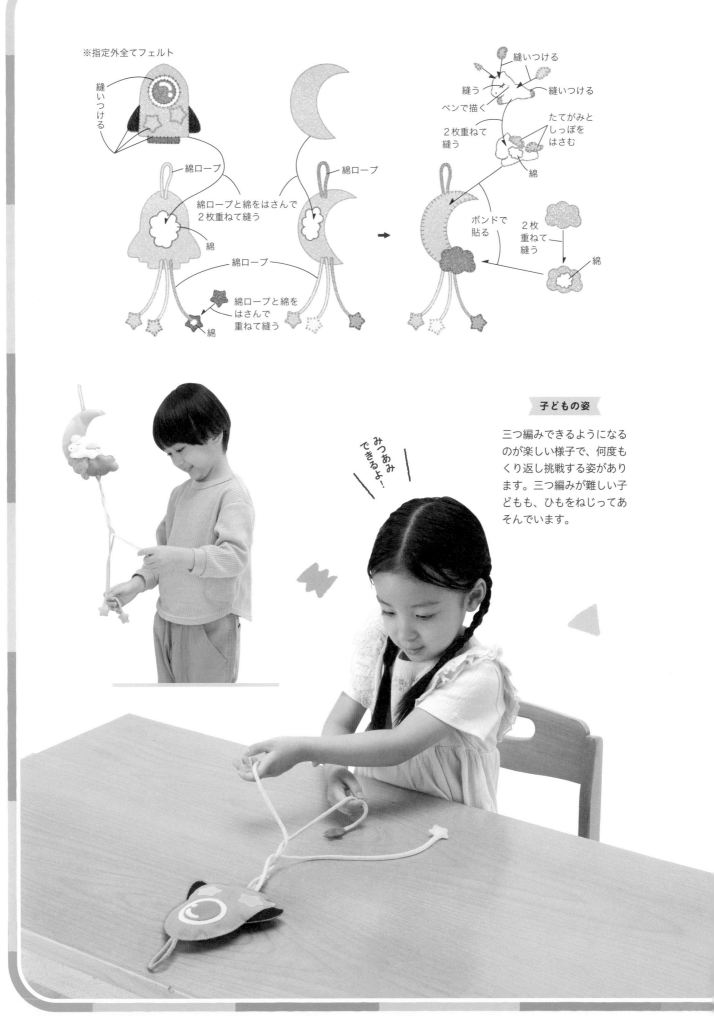

縫いつける
綿ロープ
綿ロープと綿をはさんで
２枚重ねて縫う
綿
綿ロープ
綿ロープと綿を
はさんで
重ねて縫う
綿
綿ロープ
縫いつける
縫う
ペンで描く
縫いつける
たてがみと
しっぽを
はさむ
２枚重ねて
縫う
綿
ボンドで
貼る
２枚
重ねて
縫う
綿

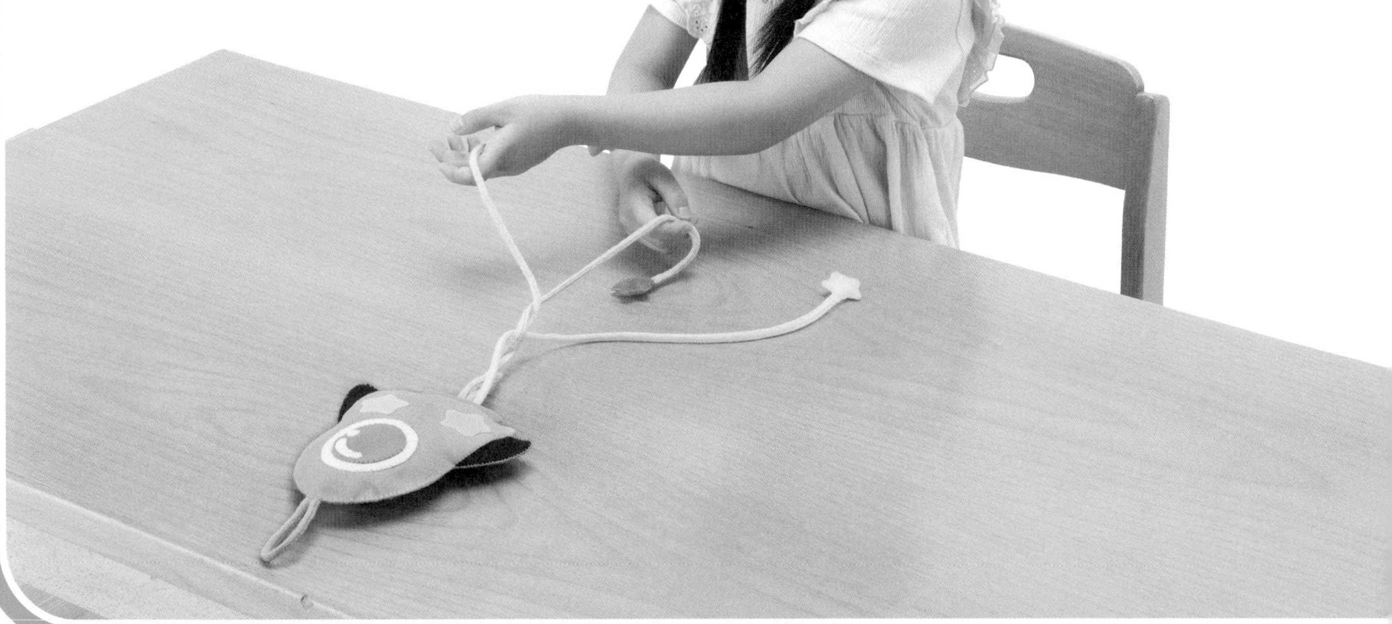

みつあみ
できるよ!

子どもの姿

三つ編みできるようになるのが楽しい様子で、何度もくり返し挑戦する姿があります。三つ編みが難しい子どもも、ひもをねじってあそんでいます。

IDEA 31

せんたくばさみの数あそび

数字とシールの個数が合うように、せんたくばさみをはさみます。手を使いながら、数の概念が身につけられます。

［視覚］［固有覚］

材料

- せんたくばさみ
- 丸シール
- 板材
- タックシール

作り方とポイント

- せんたくばさみの表面に数字を書いたタックシールを貼り、裏面に同じ数の丸シールを貼る。
- 板材の表裏に横線を引き、表面の各段に丸シールを貼り、裏面に数字を書いたタックシールを貼る。
- 板材を横線で切り離すと、難易度が上がる。

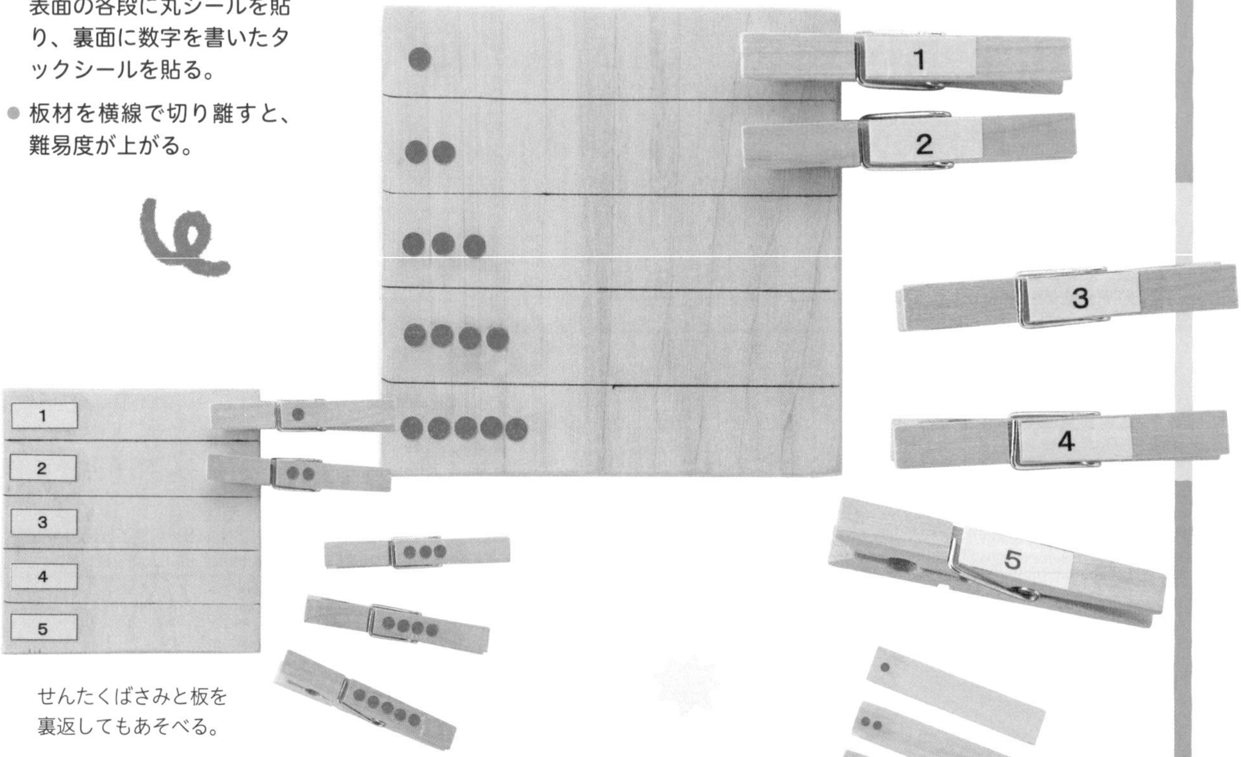
1
2
3
4
5
1
2
3
4
5

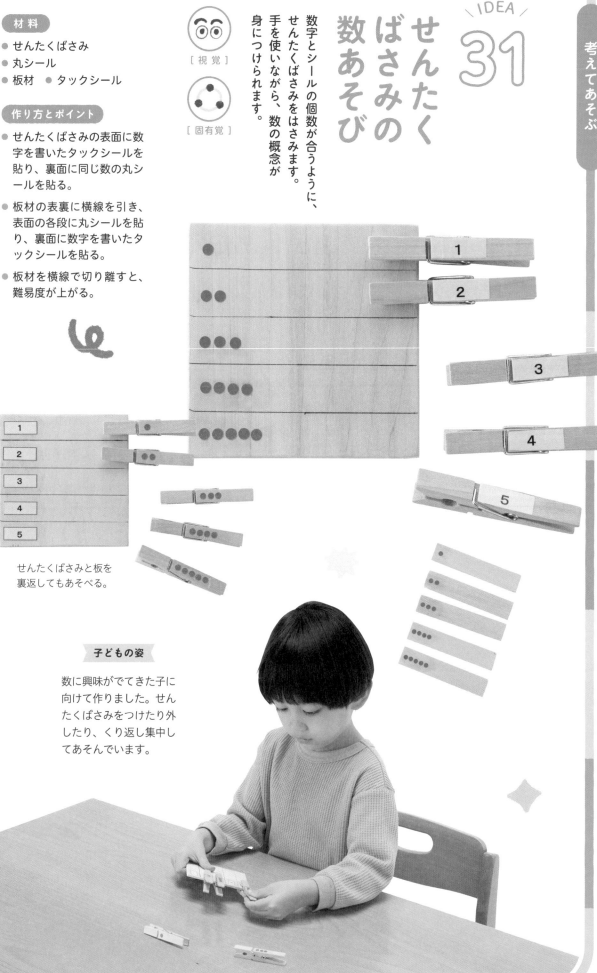

せんたくばさみと板を裏返してもあそべる。

子どもの姿

数に興味がでてきた子に向けて作りました。せんたくばさみをつけたり外したり、くり返し集中してあそんでいます。

IDEA 32

引っぱり数あそび

片方の手で皿立てを押さえて反対の手でゴムを引っぱり、数を合わせます。数字への興味と、目と手を協応させる力が育つ。

[前庭覚]　[視覚]　[触覚]　[固有覚]

材料

- 皿立て
- ネームリボン
- ヘアゴム
- 丸シール

作り方とポイント

- ネームリボンのボタン部分と皿立ての一方の列に丸シールを貼り、数字を書く。ネームリボンをつないだヘアゴムを、皿立てのもう一方の列に結びつける。
- 発達に応じてヘアゴムの太さや数字の順番を変える。

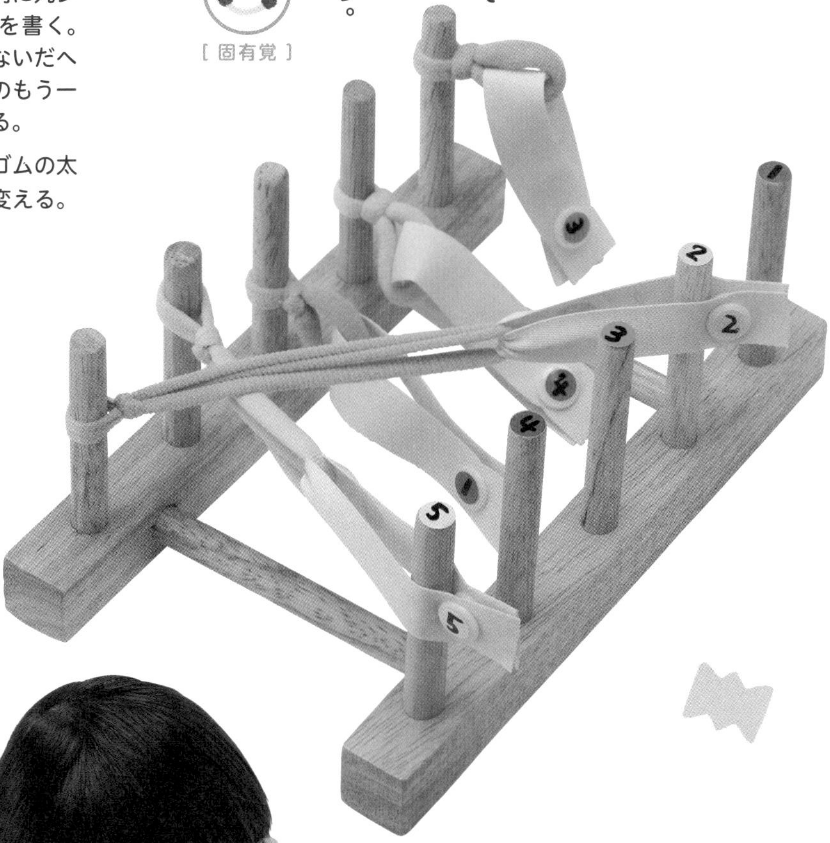

子どもの姿

あそんでいるうちに両手の使い方が身につき、指先の力もついてきました。数字が離れていて、少し力を入れて引っぱる必要があるほうが、集中できるようです。

IDEA 33

コロコロボード

ホワイトボードとマグネットで作る転がしおもちゃ。マグネットを見本通りにつけるマッチングと、コインを転がすゲームの二段階で楽しめます。

［視覚］

［前庭覚］

材料

- スタンドつきホワイトボード
- マグネット（バー形、丸形）
- おもちゃのコイン
- コピー用紙
- ラミネート

作り方とポイント

- コピー用紙を重ねた上から、ホワイトボードにマグネットを置いて、コインが落ちるコースを作る。コピー用紙にマグネットの位置を描き写し、ラミネート加工して台紙を作る。
- ホワイトボードに台紙を貼り、子どもは台紙に合わせてマグネットを置いてコインを転がしてあそぶ。あそびが理解できるようになったら、コース作りから取り組んでみても。

CAUTION! コイン、マグネットの誤飲に注意する。

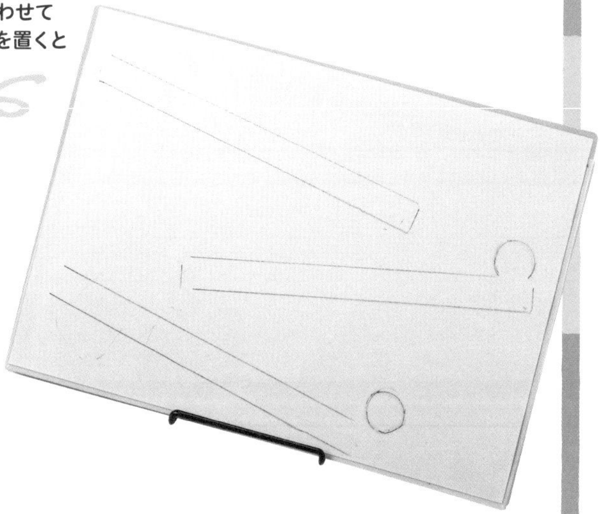

台紙に合わせてマグネットを置くと

子どもの姿

最初は保育者が設定した状態で楽しんでいましたが、くり返しあそぶうちに仕組みを理解して、自分で置き方を考えてあそぶようになりました。

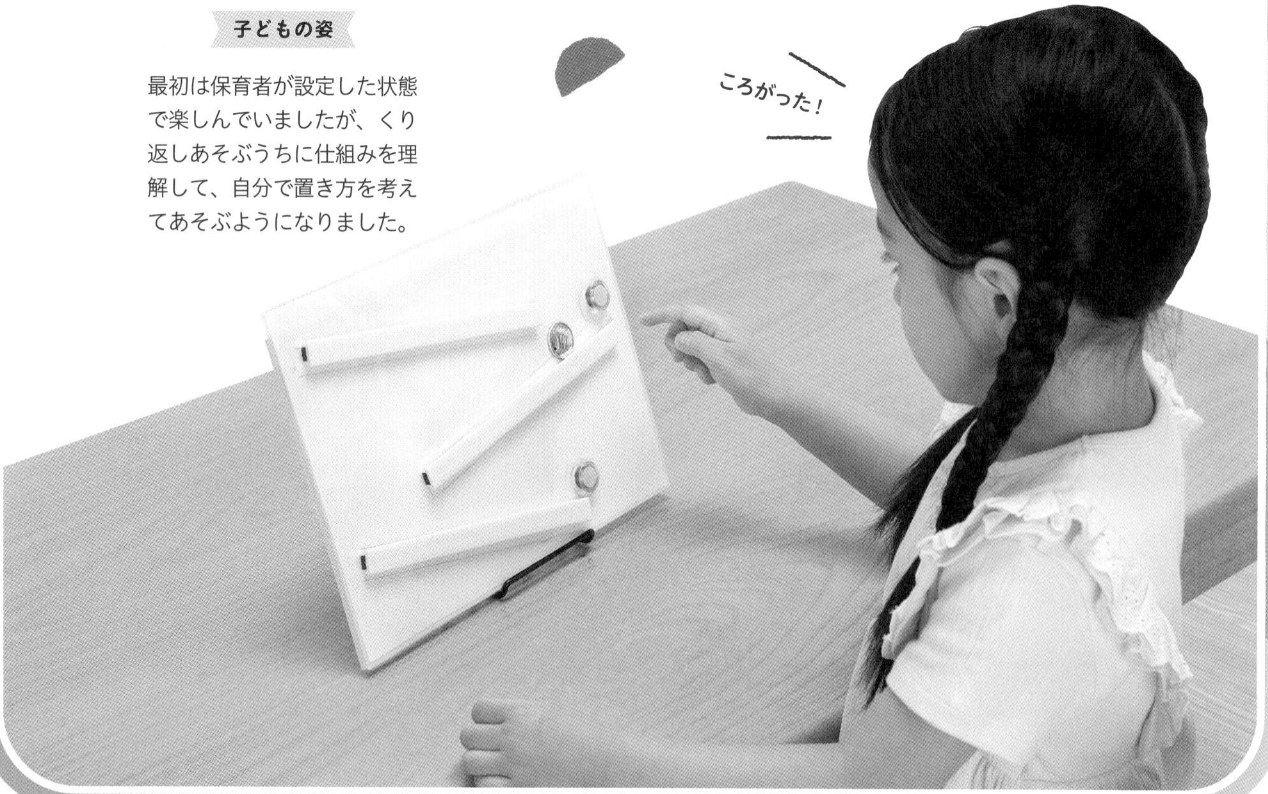
ころがった！

IDEA 34

でこぼこロード

スポンジや保冷剤などを使って
さまざまな感触を楽しめる「道」を作ります。
目にもカラフルで歩くだけで楽しい。

［視覚］
［触覚］
［固有覚］

材料

- ジョイントマット
- スポンジ
- 保冷剤
- フェルトボール
- パウダーパフ
- シートクッション　など

作り方とポイント

- パーツが接着しやすい、マットのすべり止めの無い面に保冷剤やフェルトボールなどをそれぞれ貼りつける。スポンジは半分に切り、固い面と柔らかい面の両方を使う。
- 接着したら重しをのせて、一晩置くとはがれにくくなる。

ボコボコしてるー

次はぼくの番

子どもの姿

足裏に心地よい刺激のある「道」を作り、廊下に設置したところ、廊下を歩くときに、順番に並んで通る姿が見られるようになりました。

IDEA 35

のびのび紙パック

紙パックをたくさんつないだダイナミックにあそべるおもちゃです。投げて広げたり、階段から落としたり、形の変化や動きが楽しい。

［視覚］［聴覚］［前庭覚］

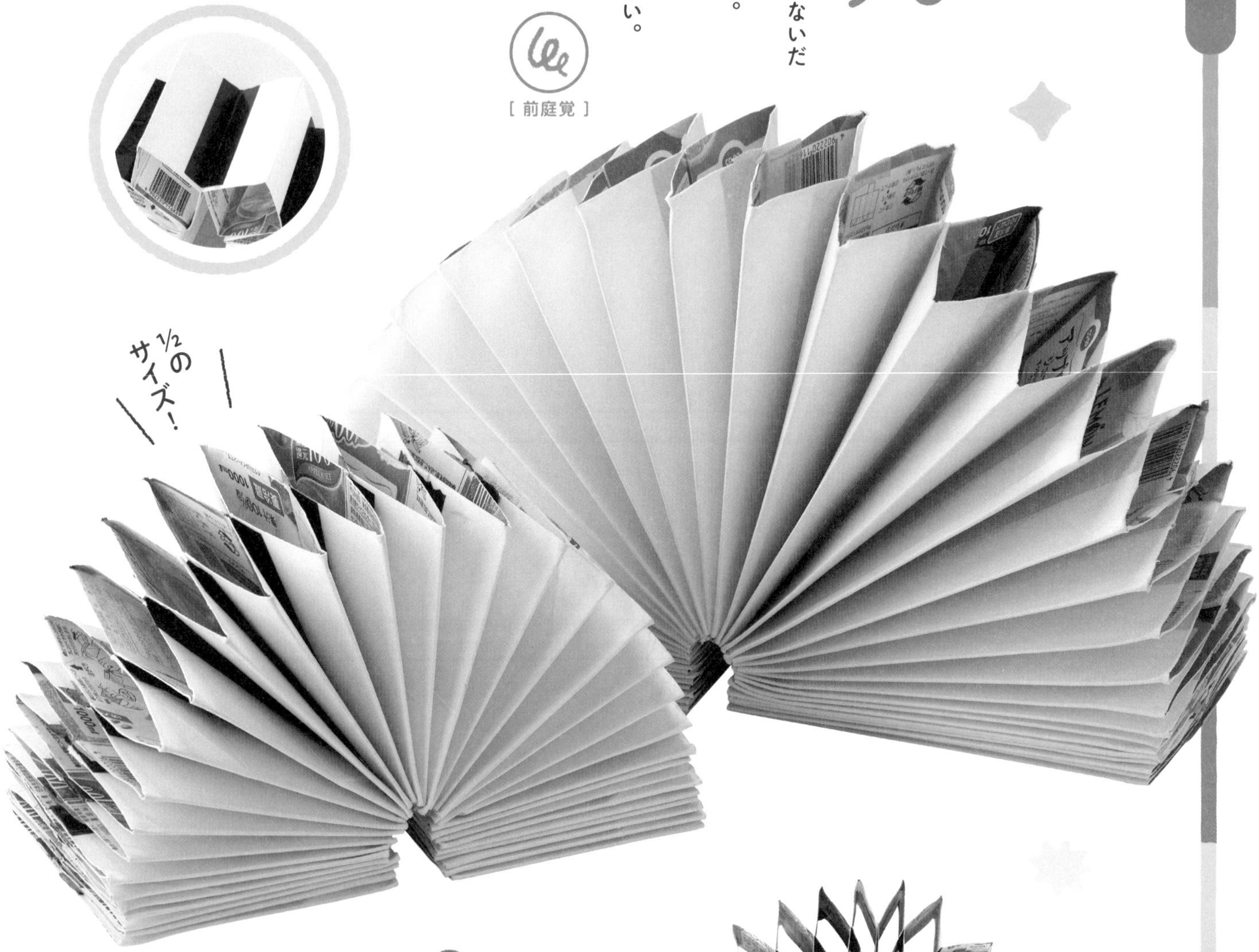
1/2のサイズ!

材料

- 紙パック（牛乳やジュース）
- ガムテープ

作り方とポイント

- 紙パックを切り開き、内側が外になるように折り直し、ガムテープで貼り合わせてつないでいく。
- 細かな動きを楽しむ子にはコンパクトな1/2サイズを、重さやダイナミックさを求める子には大きなサイズと、子どもの好みで選べる。

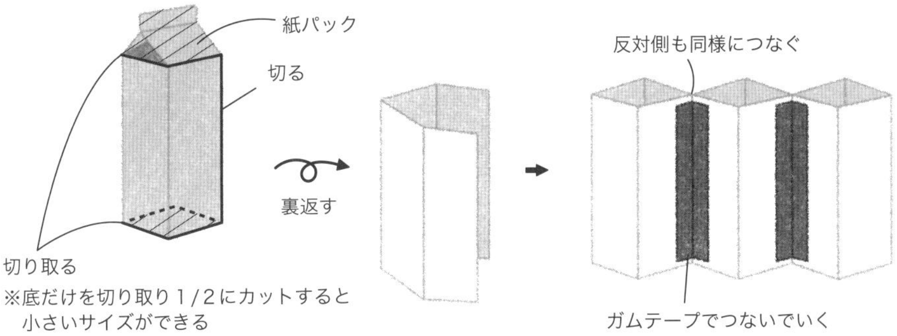
紙パック
切る
切り取る
※底だけを切り取り1/2にカットすると
小さいサイズができる
裏返す
反対側も同様につなぐ
ガムテープでつないでいく

子どもの姿

投げて広げたり、段差のあるところから落としてみたり、パーテーションのように囲ったり……。おもしろい動きを出そうと、試行錯誤してあそんでいました。

パタパタ
落ちるよ

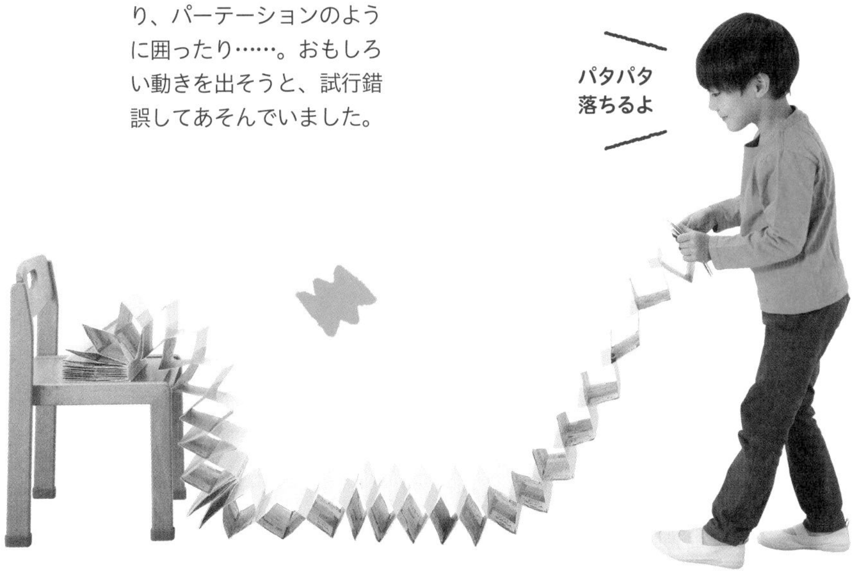

ぼくの
おへや

エイッ

IDEA 36

ビー玉グルグルスライダー

高いところからビー玉を転がすと、グルグル回って落下。一度にたくさん転がすとザザーッと心地よい音がします。

［視覚］
［聴覚］
［前庭覚］

材料

- 紙管※
- ガムテープ
- ビー玉
- 紙皿
- ペンキ
- ペットボトル

※印刷会社の廃棄物である拡大機のペーパー芯をもらっても、代用できます。

作り方とポイント

- 紙皿同士をホチキスでつなぎ、紙管のまわりにらせん状に巻きつけながらガムテープで貼りつける。
- ペンキを塗らなくてもあそべるが、塗ると補強されて壊れにくい。
- 紙管の内側に水を入れたペットボトルを入れて重しにし、倒れないようにする。

CAUTION! ビー玉の誤飲に注意する。

グルグル落ちてくよ

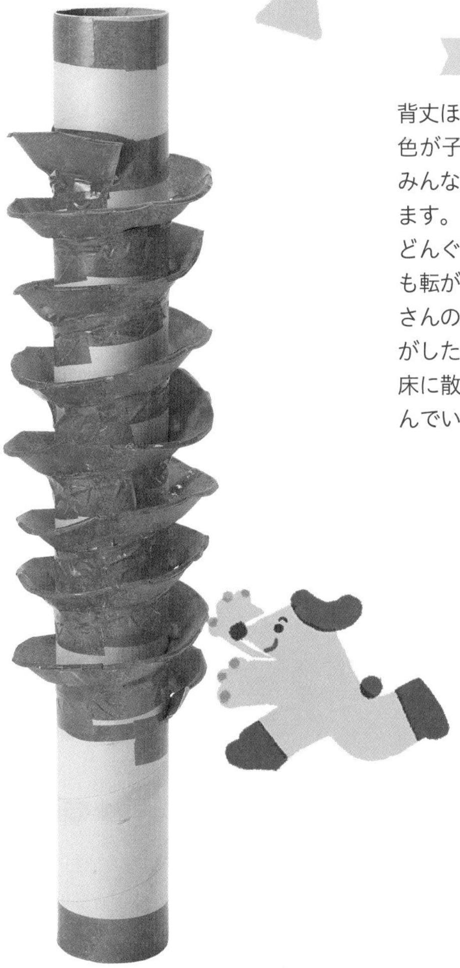

子どもの姿

背丈ほどの大きさと赤い色が子どもの目をひき、みんなすぐに集まってきます。ビー玉だけでなく、どんぐりやミニカーなども転がしています。たくさんのビー玉を一度に転がしたときは、勢いよく床に散らばる様子を楽しんでいました。

ゴール！
キャッチしたよー

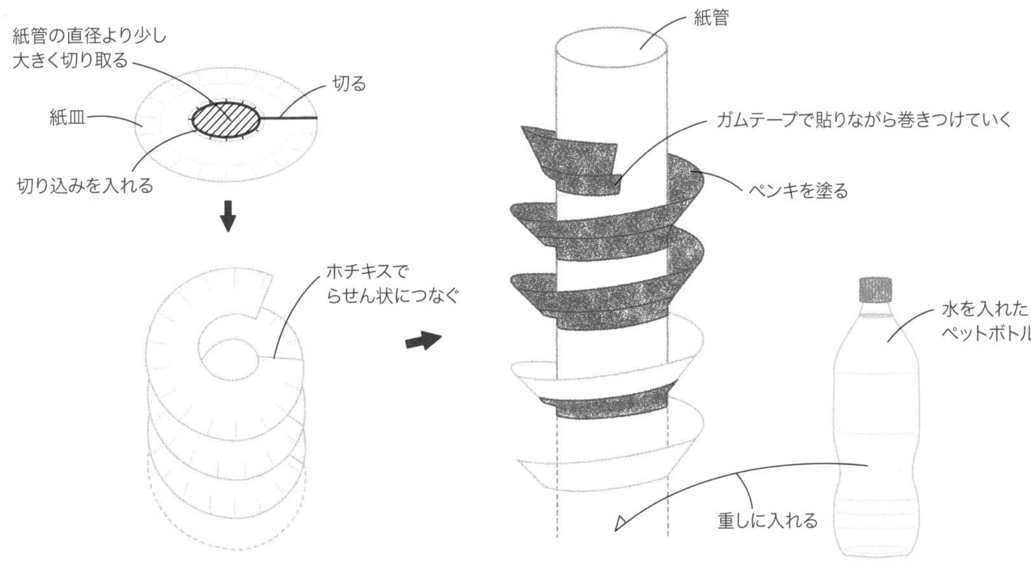
紙管の直径より少し大きく切り取る
切る
紙皿
切り込みを入れる
ホチキスでらせん状につなぐ
紙管
ガムテープで貼りながら巻きつけていく
ペンキを塗る
水を入れたペットボトル
重しに入れる

IDEA 37 ラップ芯コロコロロード

上をゆっくり歩いたり、手でコロコロ転がして感触を楽しんだりできます。サーキットの種目にしても。

［触覚］［固有覚］［前庭覚］

グラグラするよ！

横歩きもできるよー

片づけるときはクルクル巻いて。程よい重みがあるので、ぎゅっと抱えると心地よい。

おしりの下がゴロゴロする

材料

- ラップ芯　● テープ
- 梱包用ビニールひも

作り方とポイント

- ラップ芯にひもをジグザグになるように通していく。
- あそぶときは、床にジョイントマットなどをすべり止めとして敷き、その上に広げる。

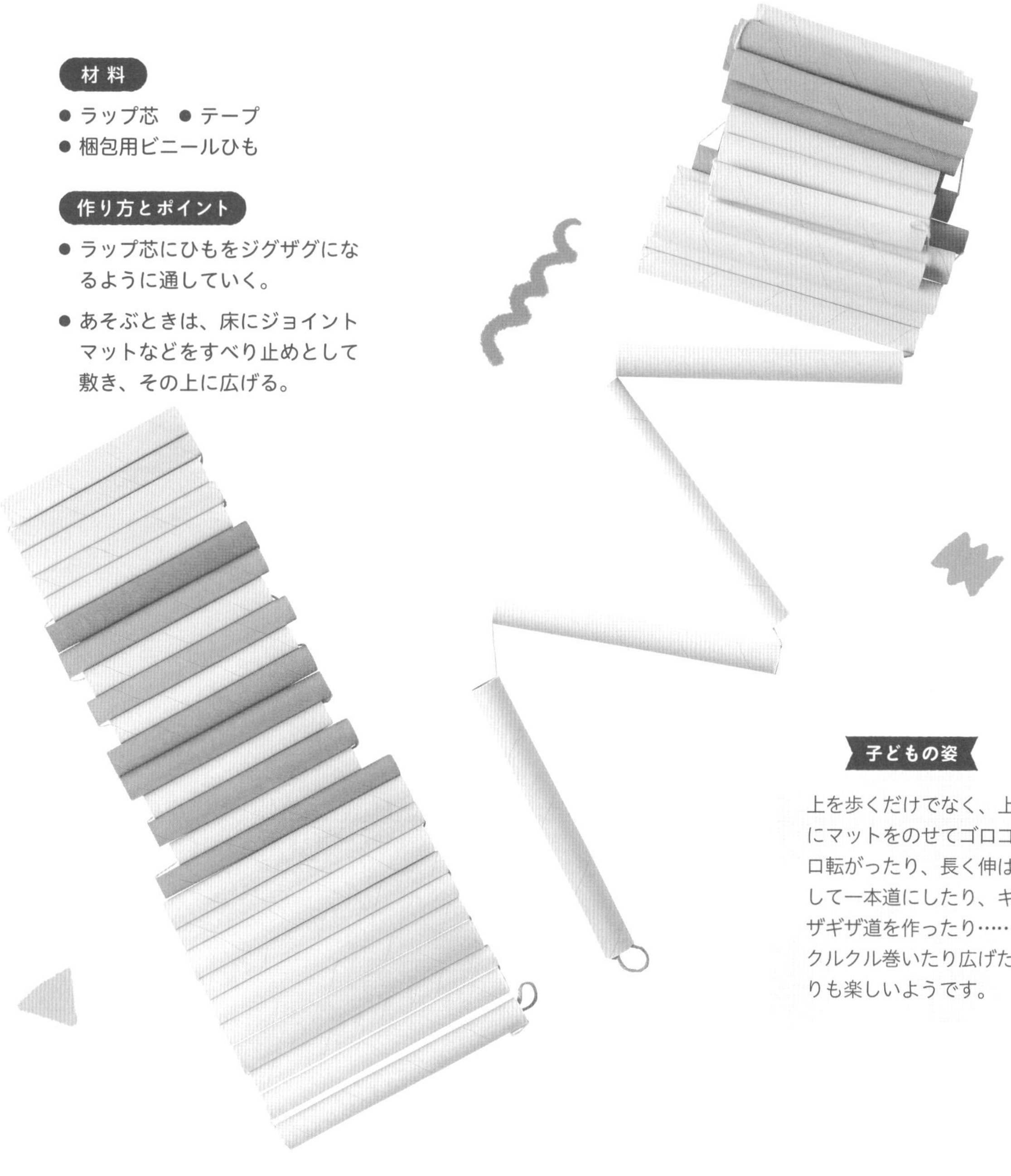

子どもの姿

上を歩くだけでなく、上にマットをのせてゴロゴロ転がったり、長く伸ばして一本道にしたり、ギザギザ道を作ったり……。クルクル巻いたり広げたりも楽しいようです。

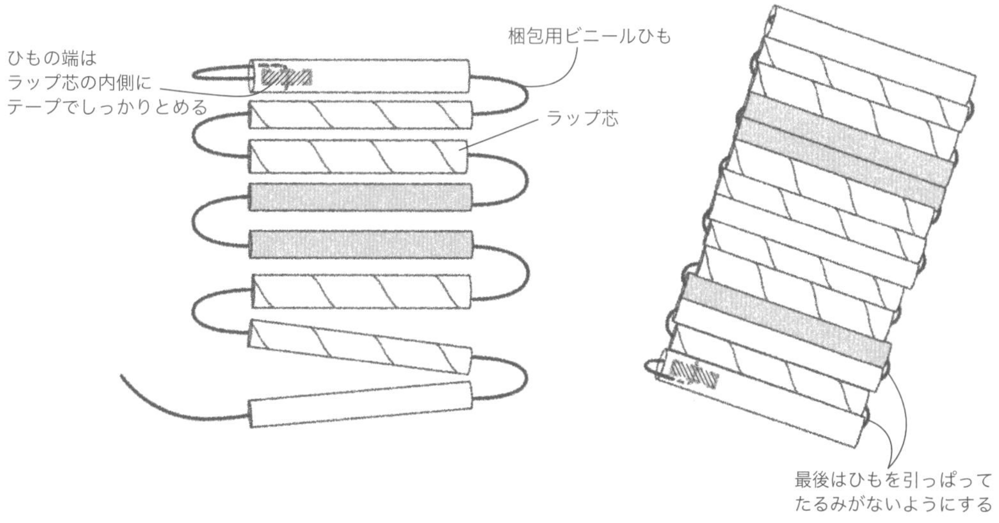
ひもの端は
ラップ芯の内側に
テープでしっかりとめる
梱包用ビニールひも
ラップ芯
最後はひもを引っぱって
たるみがないようにする

感覚ってなんのこと？

おもちゃが刺激する体の「感覚」とは？ 発達上の特性についても説明します。

[嗅覚]

においを感じる感覚。においは避けにくいため、過敏だと生活の上でつらい場面も多い。

[味覚]

おもに舌の表面で感じる。過敏だと苦手な味を強く感じ、偏食の原因になることも。

[視覚]

明暗、物の色や動き、距離など、目から得られる感覚。過敏だと、光や色をキャッチしすぎて落ち着かないことも。

[聴覚]

音を感じる感覚のこと。一定範囲の周波数の音の刺激によって生じる。特定の音が苦手な場合や、必要な音を聞き取れない場合も。

[触覚]

物に触れたときにおもに皮膚で得られる感覚。触覚のセンサーが過敏だと、決まった素材の衣服しか着られない場合も。

[前庭覚]

体のバランスやスピード、揺れや回転を感じる感覚。 感覚刺激が得られにくい子どもは、不足した刺激を求めて、体を揺らしたり動き回ったりする。

[固有覚]

筋肉や関節に感じる感覚。この感覚が鈍麻だと、刺激が不足するため動き出したり興奮したりする。体が適度な重さや圧力を感じることで、落ち着く。

感覚にも特性がある。好みに合わせて手作りを

人は、味覚、嗅覚、聴覚、視覚、触覚の「五感」と、体内に感じる固有覚と前庭覚の「二覚」をもっています。これらの感覚が過敏または鈍麻だと、つらさを感じる場面が多く発生します。

心地よく、安心できる感覚おもちゃは、楽しく感覚欲求を満たせて、あそぶことがストレスの軽減につながります。

子どもによって感覚刺激の好みは異なるので、手作りをするときは、特性に合わせることも必要です。とはいえ、難しく考えず、保育者自身が直感的に「楽しい」「きれい」と感じられる物を気軽に作ってみましょう。自分の感性を信じてよいのです。作ったおもちゃへの子どもの反応を見ながら調整していきましょう。

安全性にだけは注意して、チャレンジしてみてください。

手作りする メリットは？

「感覚おもちゃ」は手作りがおすすめです。その理由は……。

数が そろえられる

市販のおもちゃは高価なものが多くたくさん買えませんが、100円ショップで材料が揃う手作りなら、安価に量産できます。十分な数があれば、あそびたい子どもが待たずにあそべます。

発達や反応によって 調整しやすい

サイズや難易度、好みなどを、それぞれの子どもに合わせて調整が可能です。また、色が違う、素材が違う、中身が違うなどのアレンジがしやすく、子どもの世界が広がりやすいのも手作りのよさです。

シンプルなおもちゃは 年齢を問わず夢中になる

単純な作りのおもちゃは、かんたんに作れて保育者の負担が少なく、また、子どもにとっては年齢を問わず、夢中になる魅力があります。

CHECK

手作りの心得

自分の感性を信じて、まずは気軽に作ってみましょう。

- 自分が「楽しそう！」と思うこと
- 気軽に作ってみる
- 作り込まず、試してみる
- 複雑ではなく、シンプルに

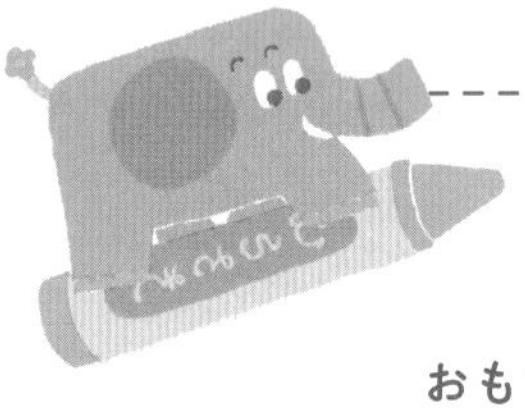

みんなのアンケート

教えて！手作り事情

おもちゃの手作り派はどのくらい？ みんなどうやって作っているの？
発達支援の保育雑誌『PriPriパレット』の読者27名に聞きました。

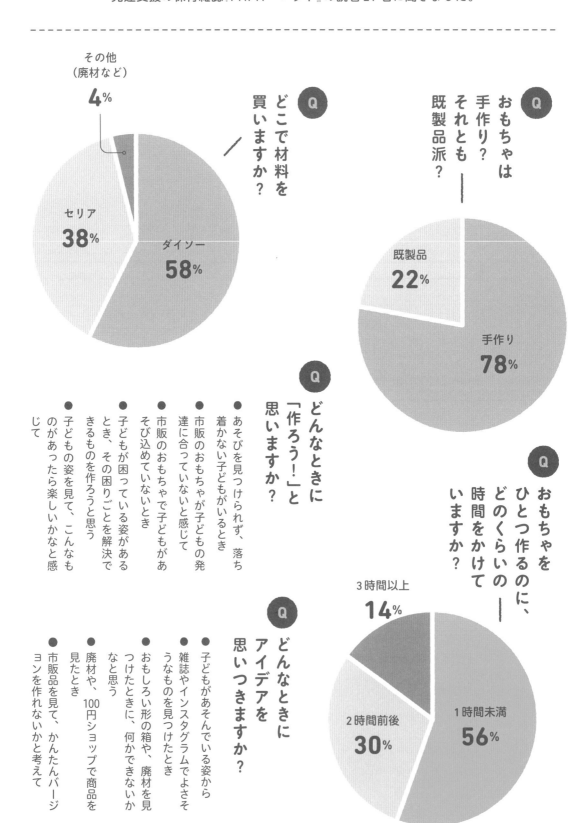

Q おもちゃは手作り？それとも既製品派？

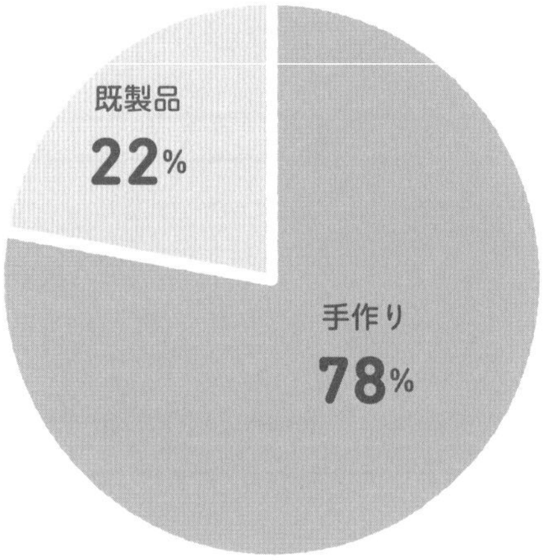
既製品
22%
手作り
78%

Q どこで材料を買いますか？

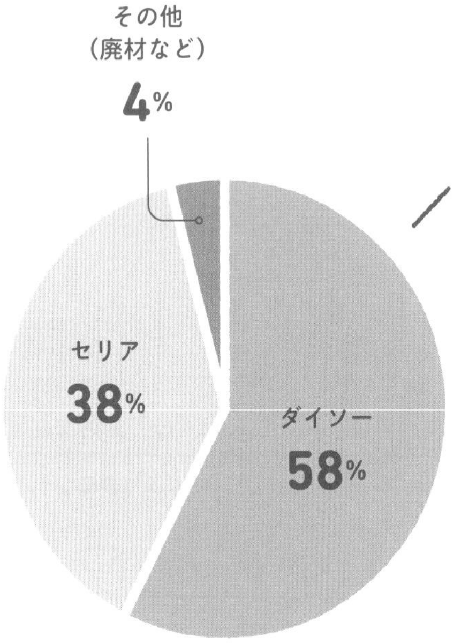
その他
（廃材など）
4%
セリア
38%
ダイソー
58%

Q どんなときに「作ろう！」と思いますか？

- あそびを見つけられず、落ち着かない子どもがいるとき
- 市販のおもちゃが子どもの発達に合っていないと感じて
- 市販のおもちゃで子どもがあそび込めていないとき
- 子どもが困っている姿があるとき、その困りごとを解決できるものを作ろうと思う
- 子どもの姿を見て、こんなものがあったら楽しいかなと感じて

Q おもちゃをひとつ作るのに、どのくらいの時間をかけていますか？

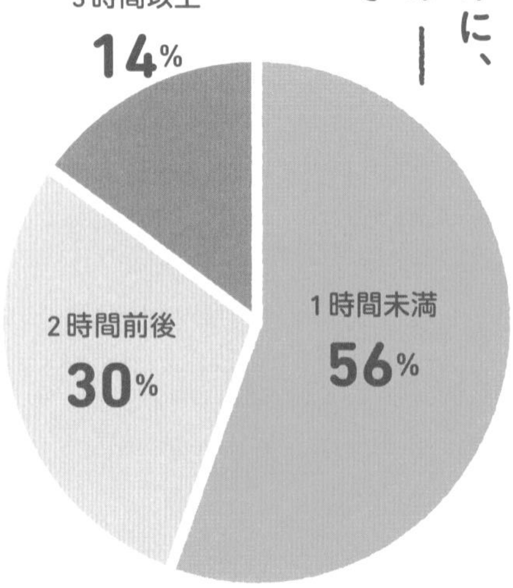
3時間以上
14%
2時間前後
30%
1時間未満
56%

Q どんなときにアイデアを思いつきますか？

- 子どもがあそんでいる姿から
- 雑誌やインスタグラムでよさそうなものを見つけたとき
- おもしろい形の箱や、廃材を見つけたときに、何かできないかなと思う
- 廃材や、100円ショップで商品を見たとき
- 市販品を見て、かんたんバージョンを作れないかと考えて

みんなの
アンケート

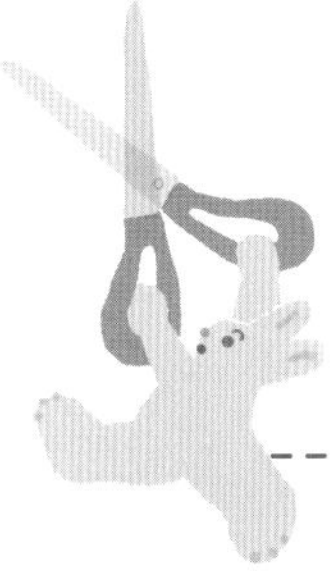

作ってよかった！ エピソード

子どもが特に喜んだ手作りおもちゃの
エピソードを紹介します。

どうぞ！

「じゅんばんこ」ができるようになった

友だちと一緒だとトラブルが多い子どもが、落ち着いてひとりあそびを楽しめるようにと作ったおもちゃ。その子にフィットしたようで、楽しそうにあそぶ姿がありました。集中してあそべたことで気持ちが満たされ、「終わったから次の人」と、自分から“じゅんばんこ”もできました。ルールを守れたことをほめられてうれしそうな笑顔も。保育者も満足感を味わえました。

ハイブリッド遊具に大喜び

おもちゃを投げてしまう子どもがいました。おもちゃを投げることはやめてほしいけれど、投げたい気持ちは受け止めたい。あそびの中でたくさん投げられたらいいなと、的当てや玉入れを思いつきました。壁に鬼の顔を貼り、かごを取りつけて、的当てと玉入れが同時に楽しめるハイブリッド遊具に。「鬼をやっつけるぞ！」と気合を入れて、鬼に向かって丸めた新聞紙を投げる子どもたち。かごに新聞紙が入ると大喜びでした。

輪ゴムのおもちゃで集中力を発揮

多動の子や気持ちが落ち着かずに他害をしてしまう子どもが集中してあそべるように、皿立てに輪ゴムを引っかけるおもちゃを作りました。いろいろなゴムのかけ方を試したり、限界まで同じ場所にゴムをかけたりなど、じっくり取り組む姿があり、その集中力に驚かされました。

全ての型紙が
ダウンロードできます！
https://mywonder.jp/pripribooks/31274

製作物の型紙です。コピーしてご利用ください。

P.16

マスコットのプルトイ

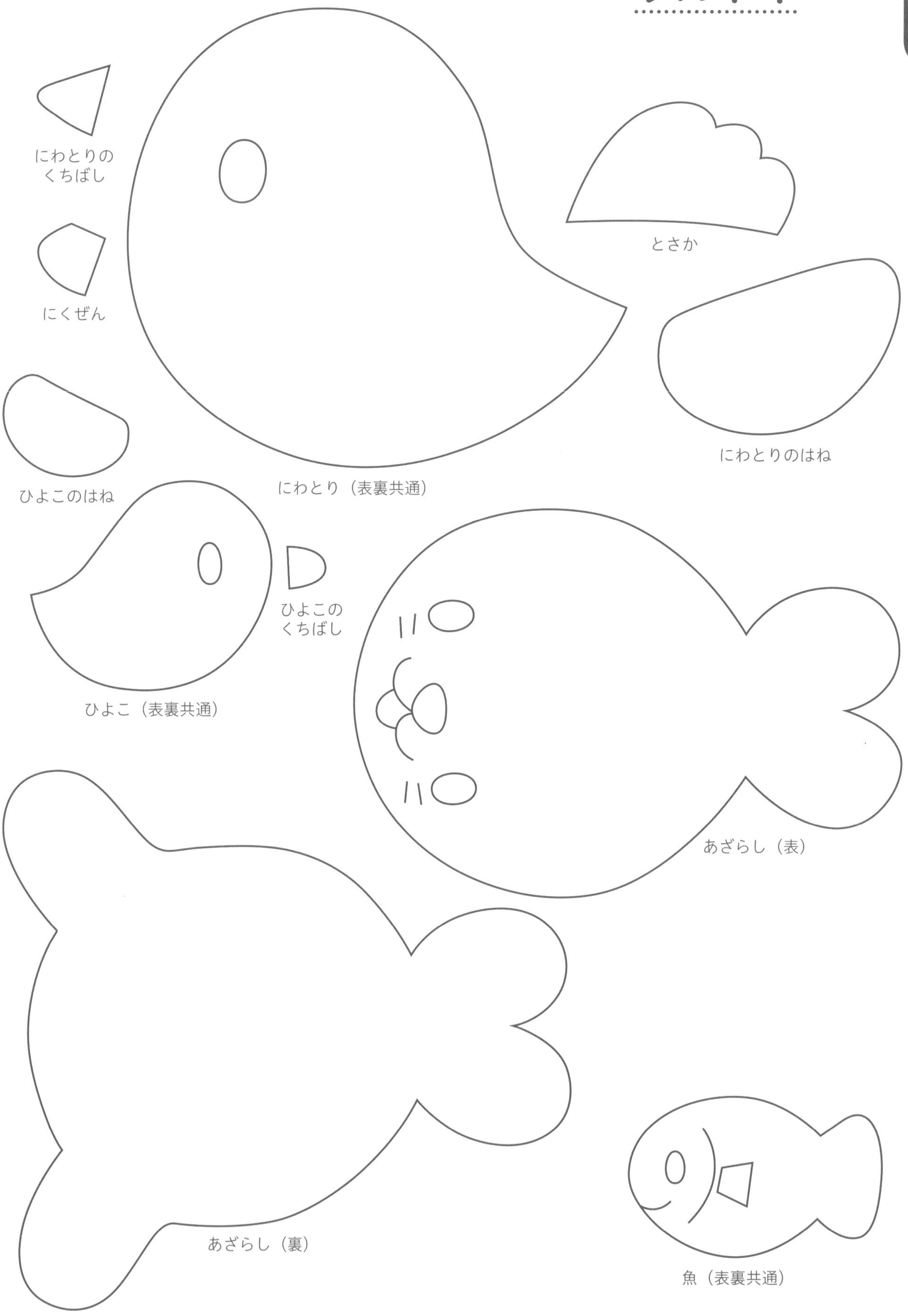
にわとりのくちばし
にくぜん
ひよこのはね
にわとり（表裏共通）
とさか
にわとりのはね
ひよこのくちばし
ひよこ（表裏共通）
あざらし（表）
あざらし（裏）
魚（表裏共通）

P.18

ライオンのパックン

ライオン

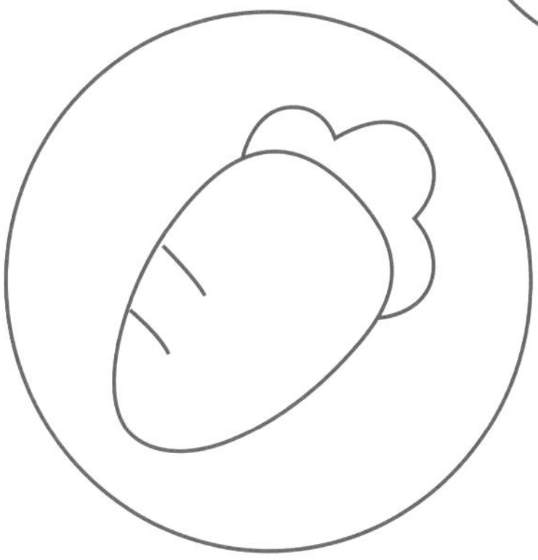

にんじん

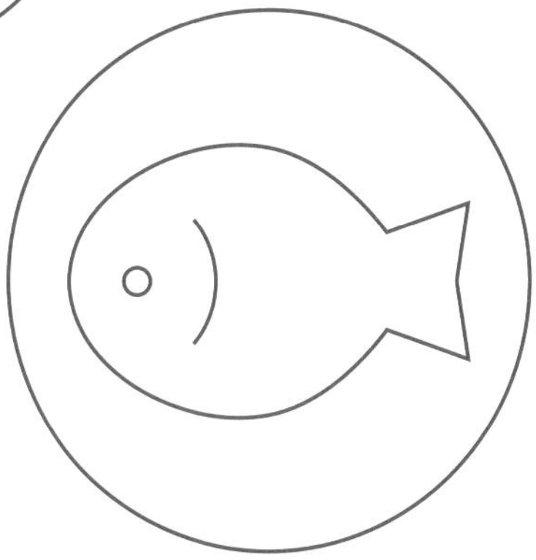

魚

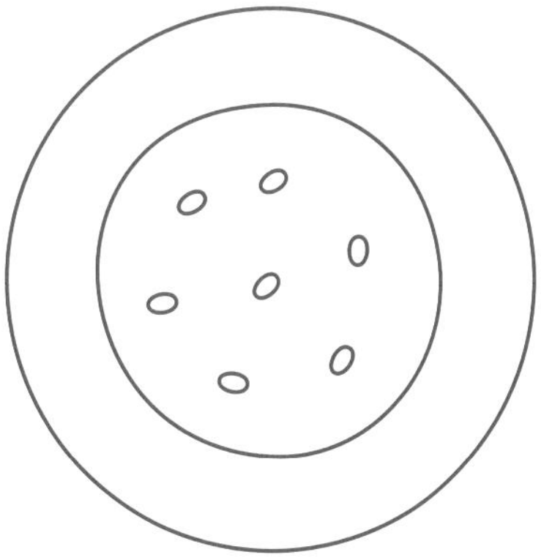

クッキー

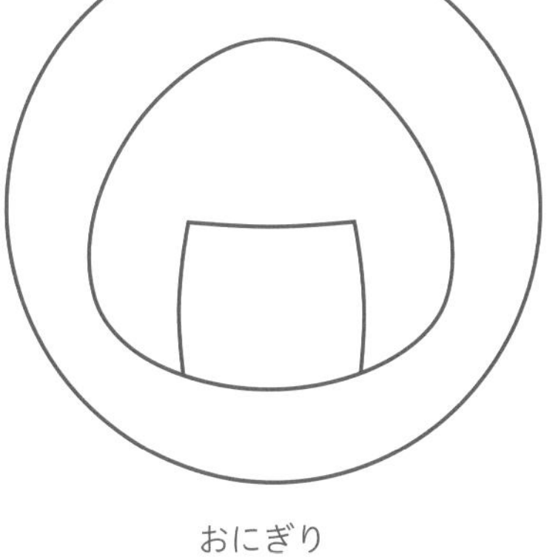

おにぎり

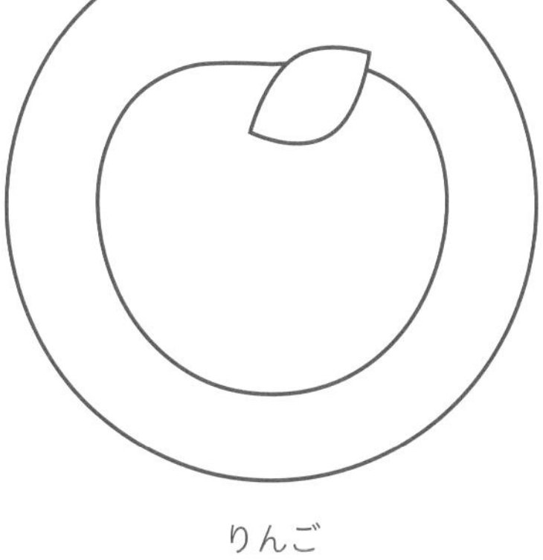

りんご

タッパーのサイズに合わせて拡大してください。

P.24 紙コップの着せかえ人形

パンダ

ねこ

P.26 マグネットツリー

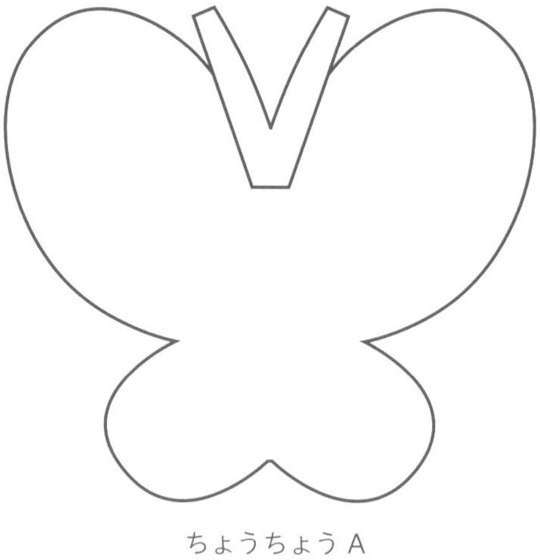

ちょうちょう A

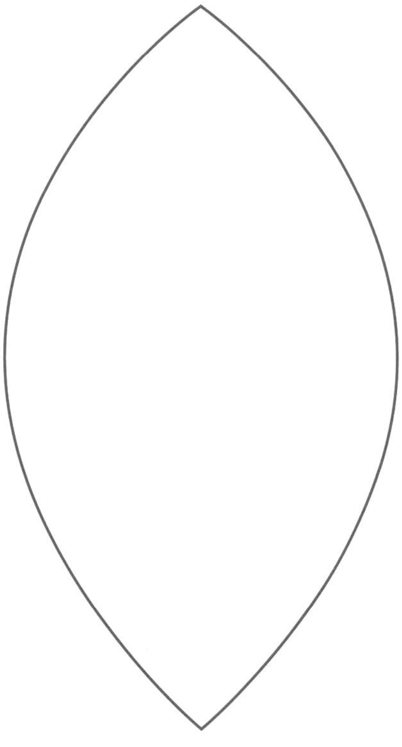

葉

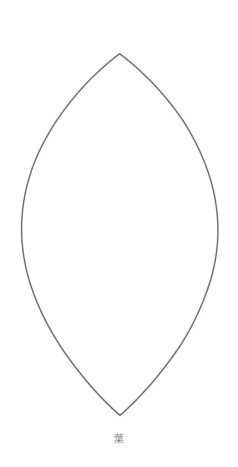

ちょうちょう B

木

花 A

花 B

P.40
絵合わせ立体パズル

りす

サイ

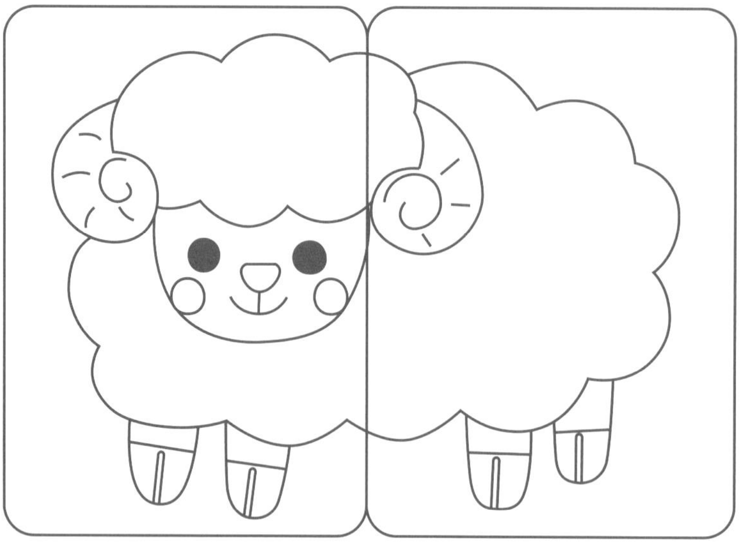

ひつじ

ライオン

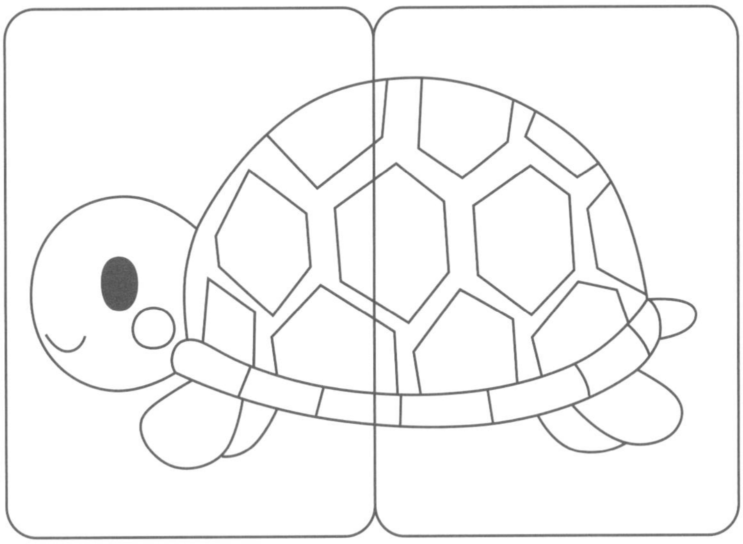

かめ

ぞう

ボタンで連結新幹線

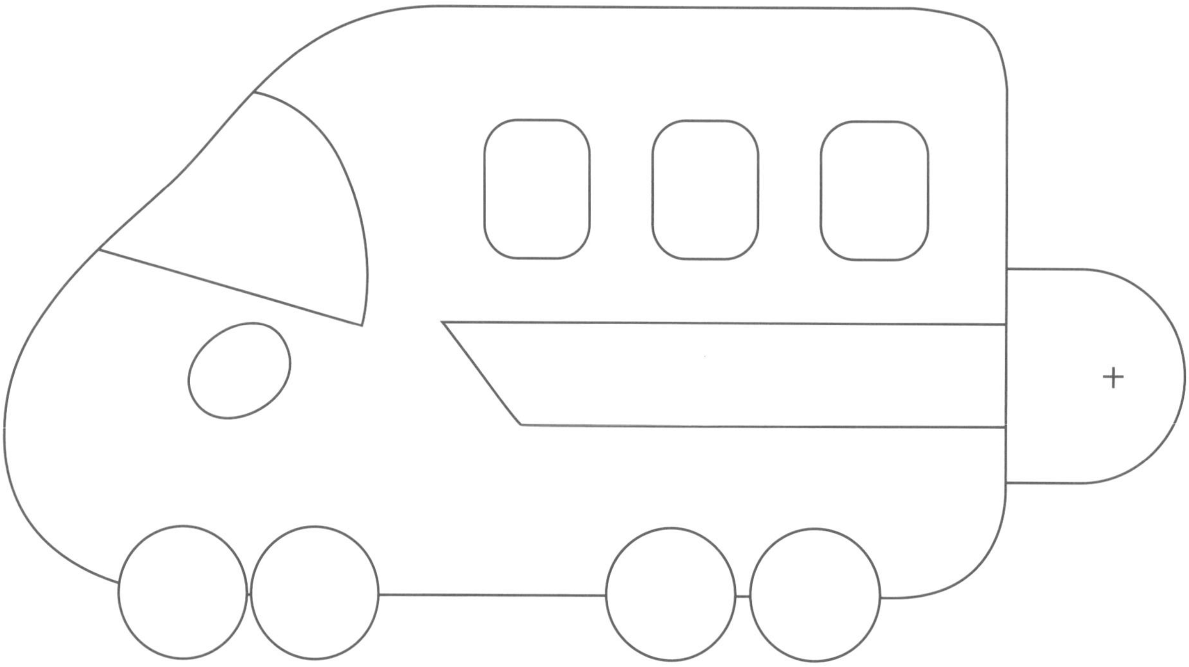

先頭車両

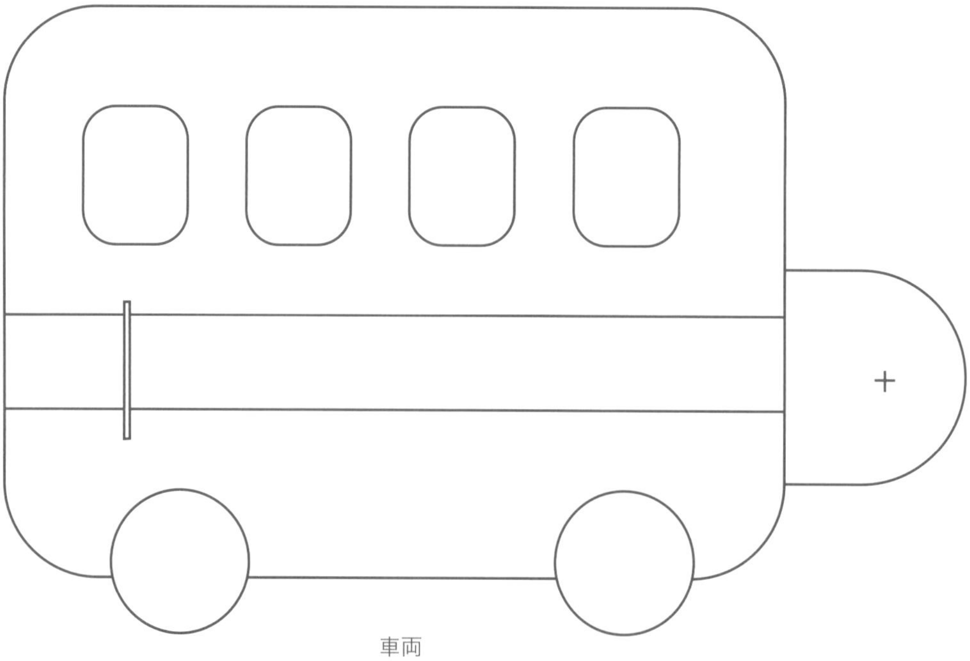

車両

P.50 スナップあそび

りんご

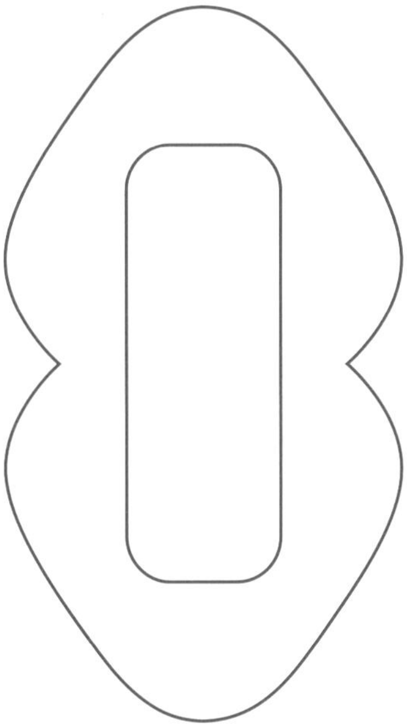

おにぎり

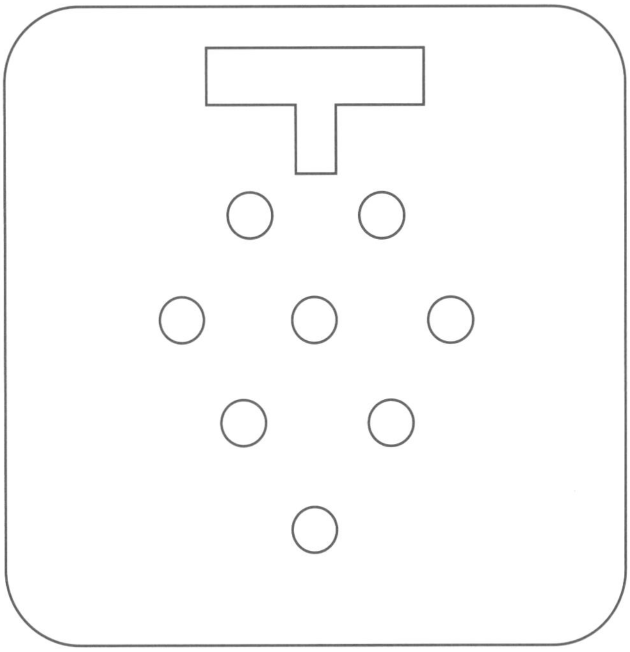

ぶどう

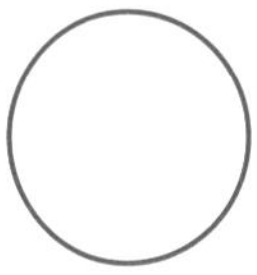

うめぼし

170% に拡大すると、子どもが持ちやすい大きさになります。

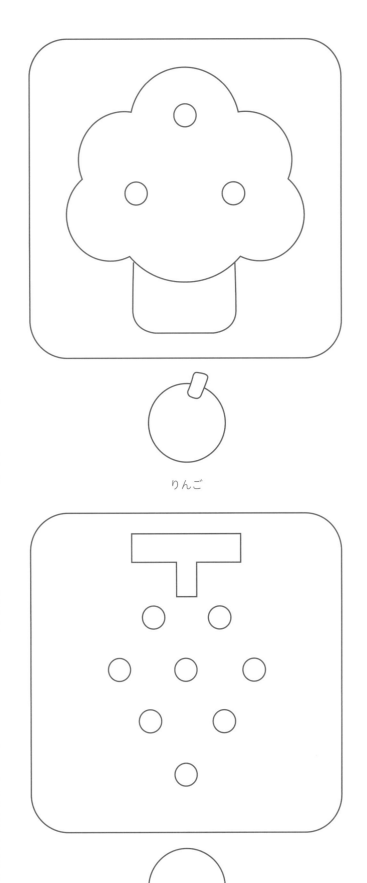

P.52
もぐもぐパックンひも通し

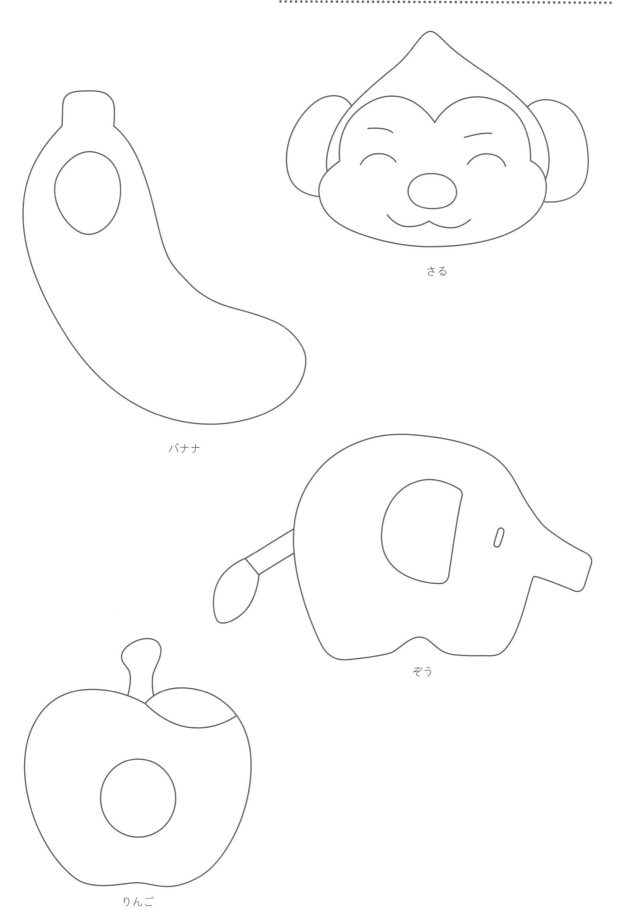

さる

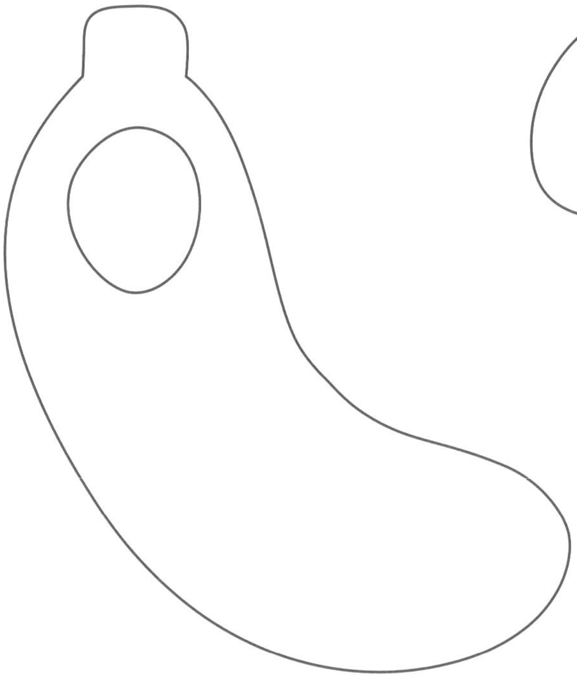
バナナ

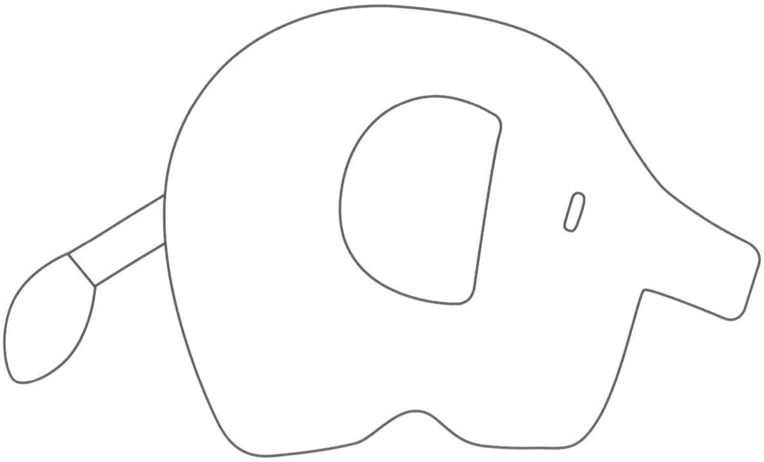
ぞう

りんご

P.54 ロープで三つ編みマスコット

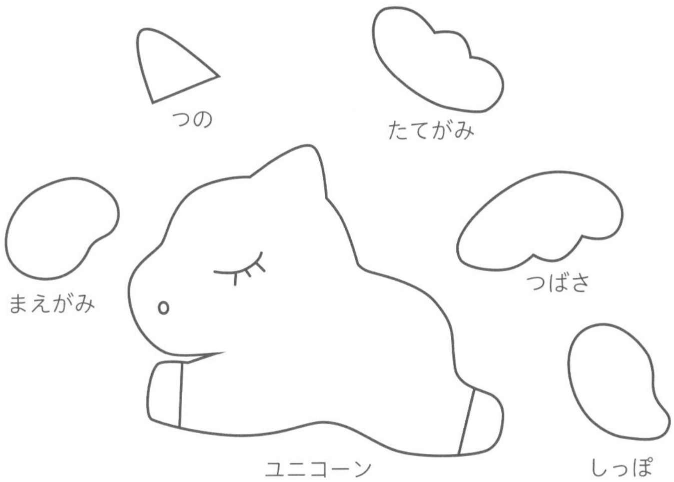
つの
たてがみ
まえがみ
つばさ
しっぽ

ユニコーン

雲

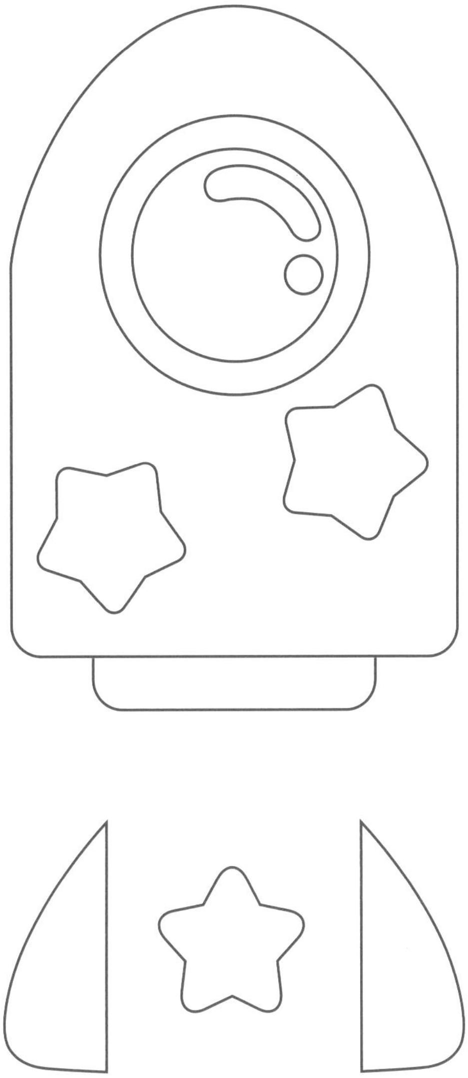

ロケット

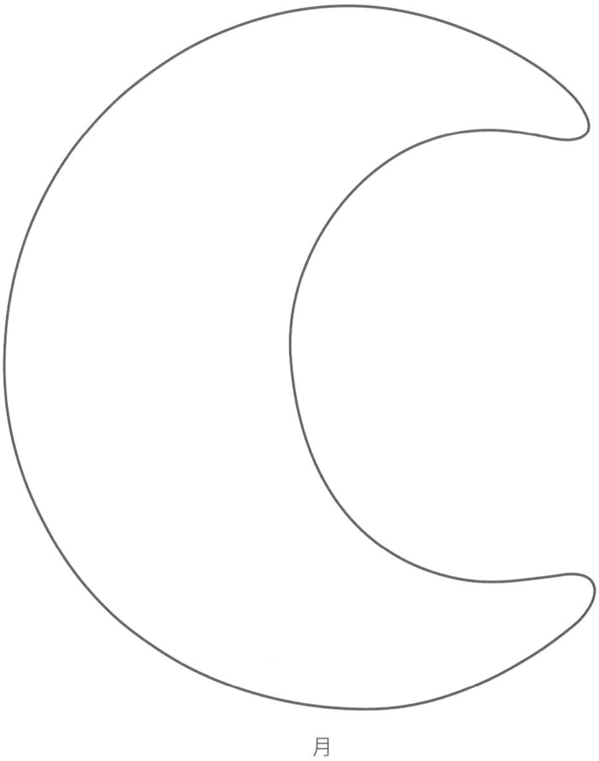

月

 原寸でコピーしてお使いください。

監修

藤原里美 ふじわら・さとみ

チャイルドフッド・ラボ代表理事。元東京都立小児総合医療センター主任技術員、臨床発達心理士、保育士。保育現場を経験した発達支援の専門家として、保育者の育成にも力を注いでいる。

アイデア提供・おもちゃ制作

石井麻理子（児童発達支援センターすてっぷあいる）
川村直美（大和はないろ保育園）
北 玲子（にこにこすまいる園）
齊藤美智子（伊東市立富士見保育園）
黒葛真理子（チャイルドフッド・ラボ）
中野渡瞳（ひかり保育園）
羽鳥真奈美（チャイルドフッド・ラボ）
福井智美（大和はないろ保育園）
藤原美香（大和はないろ保育園）
前田寛美（調布市公立保育園）
又吉悦子
三宅浩子（＜一社＞発達サポートラボ・being）
李 芳芳（イコロ昭和の森）
吉見絵里（小金井なないろ保育園）

アートディレクション＆デザイン　川村哲司（atmosphere ltd.）
本文デザイン　吉田香織　嶋岡誠一郎
イラスト　AKIYO　cocoron©金子ひろの
作り方イラスト　（資）イラストメーカーズ
おもちゃ制作　佐藤ゆみこ
モデル　関矢悠吾　千葉惣二朗　中村乙葉　箕崎航大　山中美子葉（テアトルアカデミー）
撮影　中島里小梨（世界文化ホールディングス）
校 正　株式会社 円水社
DTP作成　株式会社 明昌堂
編集協力　こんぺいとぷらねっと
企画編集　源嶋さやか　遠山日夏

※本書は、『PriPriパレット』2023年6・7月号の内容を再編集したものが一部含まれています。

発達障害の子どもがとことんあそべる
手作り 感覚おもちゃ

発行日　2023年10月15日　初版第1刷発行
　　　　2024年 8月20日　　　第4刷発行

監修　藤原里美
発行者　駒田浩一
発行　株式会社 世界文化ワンダーグループ
発行・発売　株式会社 世界文化社
〒102-8192
東京都千代田区九段北4-2-29
電話：03-3262-5474（編集部）
電話：03-3262-5115（販売部）
印刷・製本　TOPPANクロレ株式会社

ISBN978-4-418-23715-9